LA VOLÁTIL
A CALZÓN QUITADO

AGUSTINA GUERRERO

Lumen

Primera edición: noviembre de 2017

© 2017, Agustina Guerrero
© 2017, Penguin Random House Grupo Editorial, S.A.U.
Travessera de Gràcia, 47-49. 08021 Barcelona

Printed in Spain – Impreso en España

ISBN: 978-84-264-0337-7
Depósito legal: B-17.168-2017

Compuesto en M. I. Maquetación, S. L.
Impreso Gráficas 94
Sant Quirze del Vallès (Barcelona)

H 4 0 3 3 7 7

Penguin
Random House
Grupo Editorial

A MIS HERMANOS,
SANTIAGO Y SILVINA

(O PIPO Y SANDY
 O SANTO Y ÉRICA
 O REPOSERA Y CHANCHA)

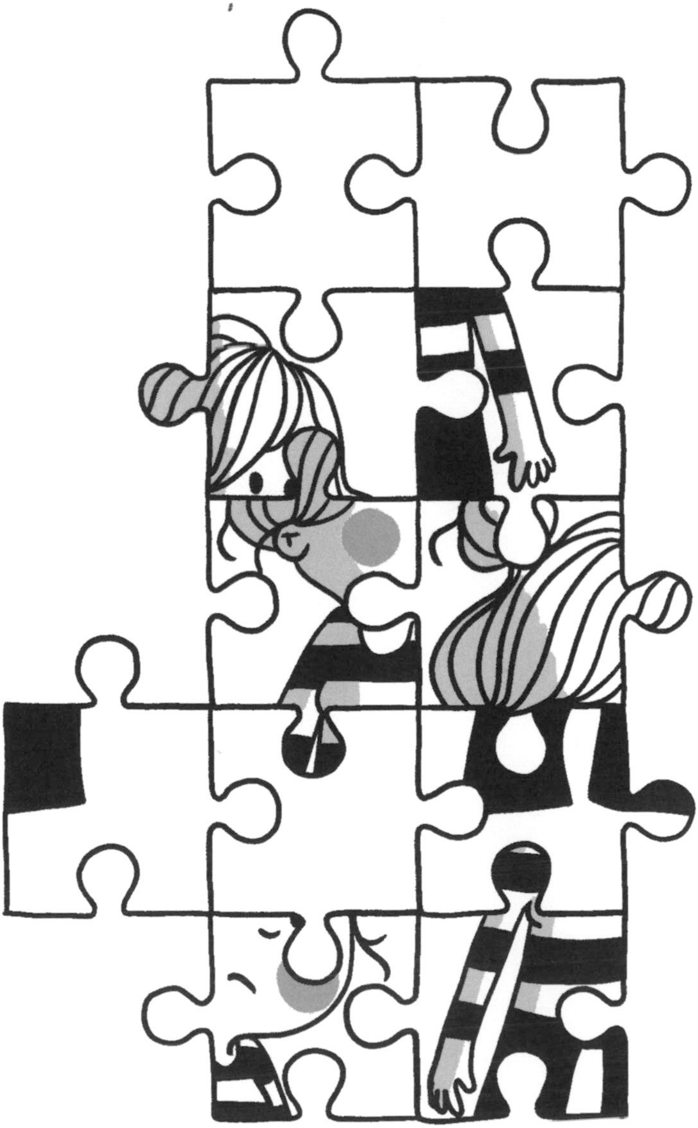

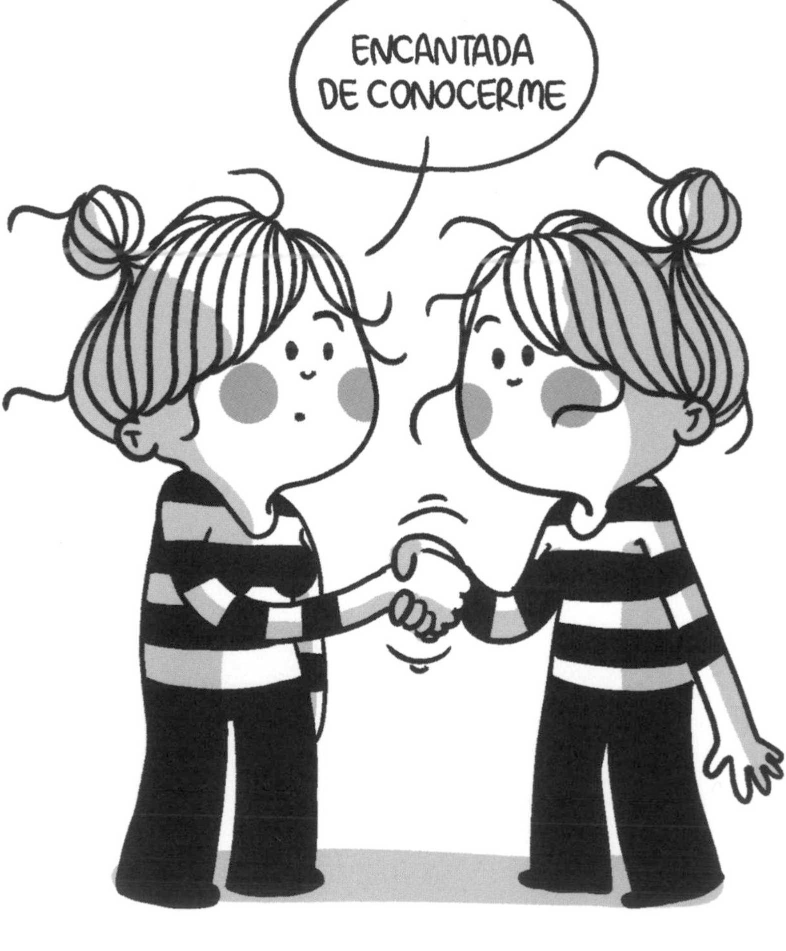
ENCANTADA DE CONOCERME

YO INTENTANDO
IGUALAR MI
"EYELINER"

YO A LOS
5 MINUTOS
DE HABERME
PINTADO
LOS LABIOS

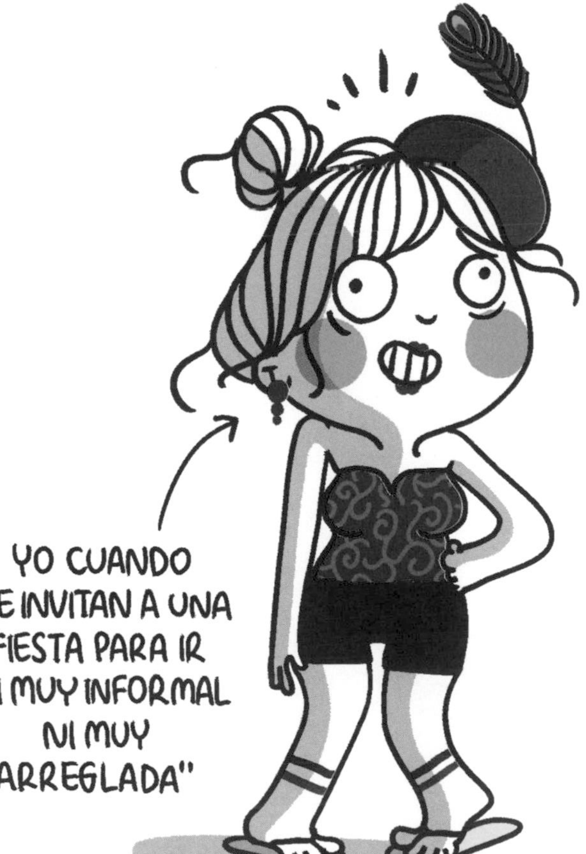
YO CUANDO
ME INVITAN A UNA
FIESTA PARA IR
"NI MUY INFORMAL
NI MUY
ARREGLADA"

LA COPA
CULPABLE DE
LA VERGÜENZA
DE MAÑANA

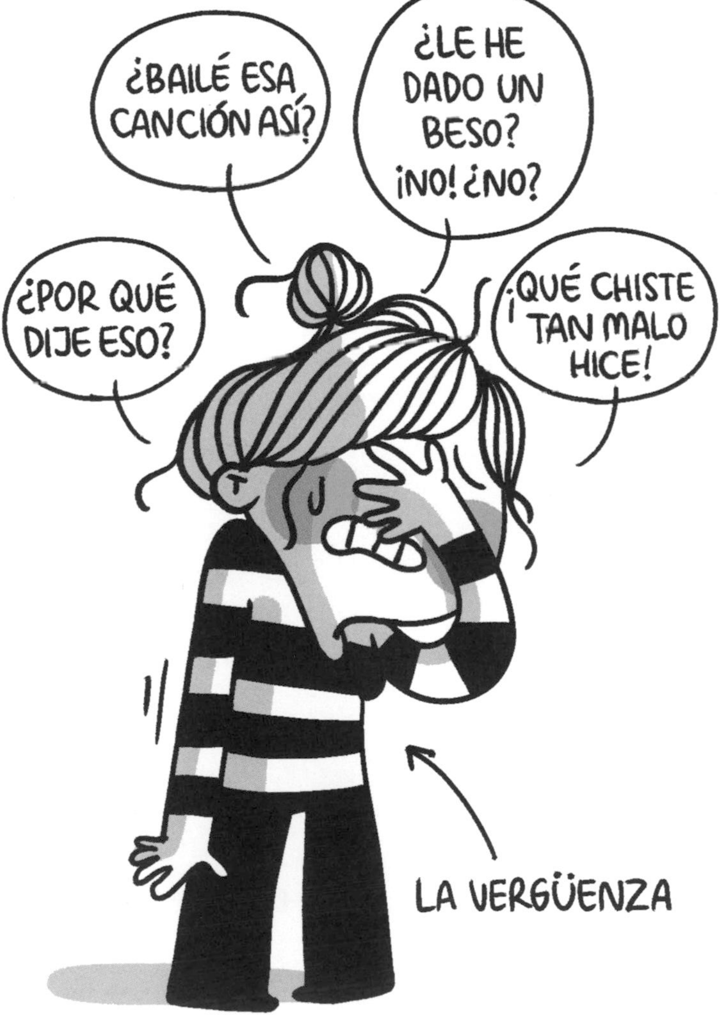
¿POR QUÉ DIJE ESO?
¿BAILÉ ESA CANCIÓN ASÍ?
¿LE HE DADO UN BESO? ¡NO! ¿NO?
¡QUÉ CHISTE TAN MALO HICE!
LA VERGÜENZA

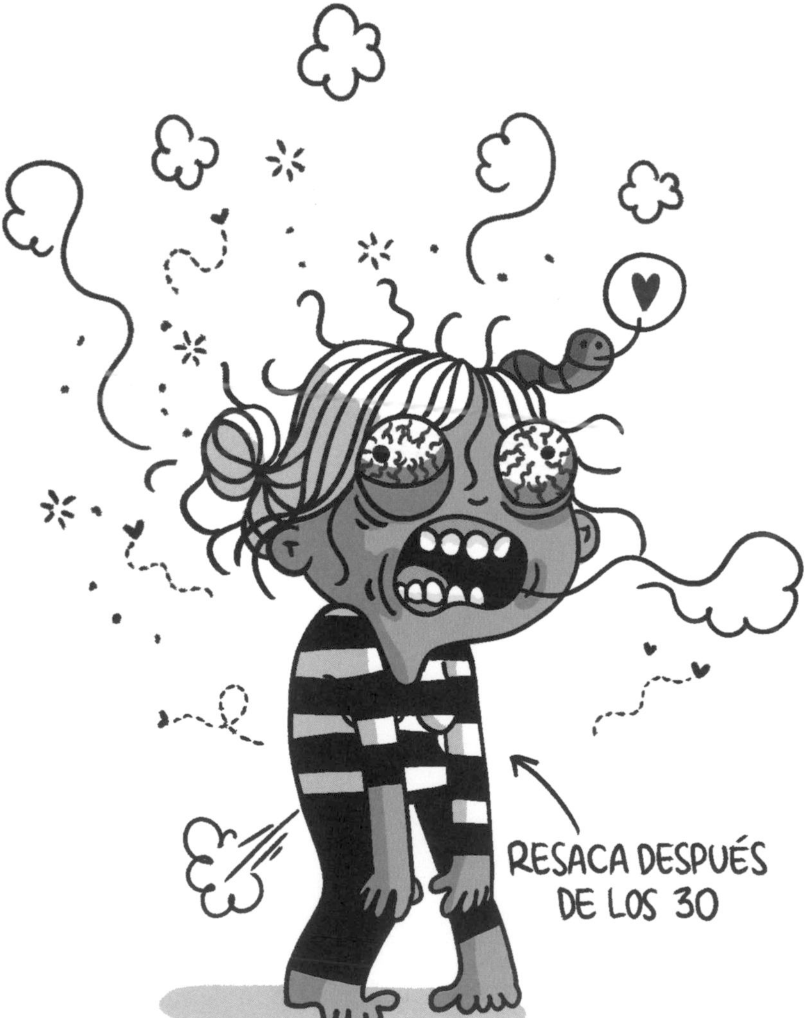
RESACA DESPUÉS DE LOS 30

ZZZZ...

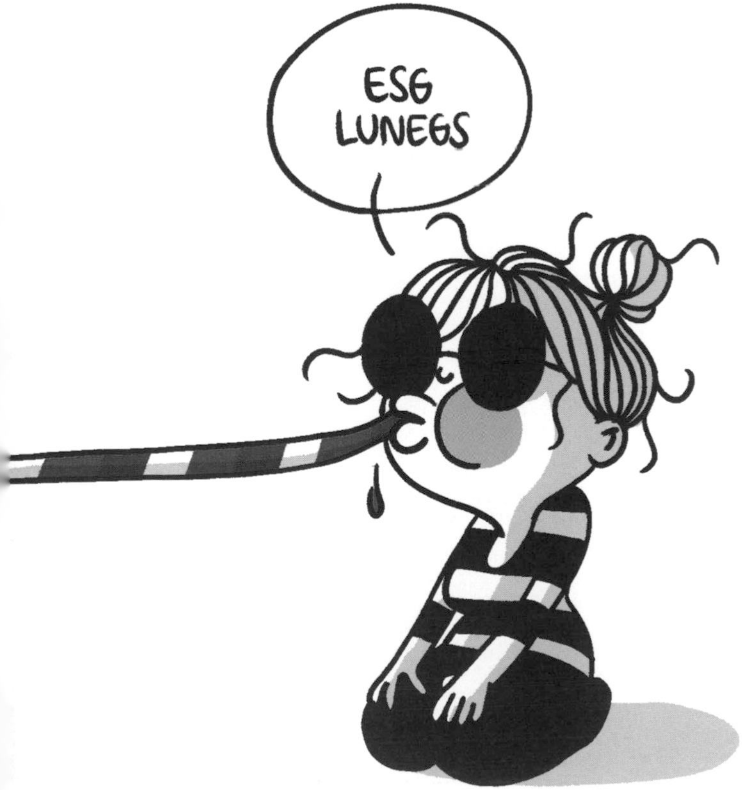
ESG LUNEGS

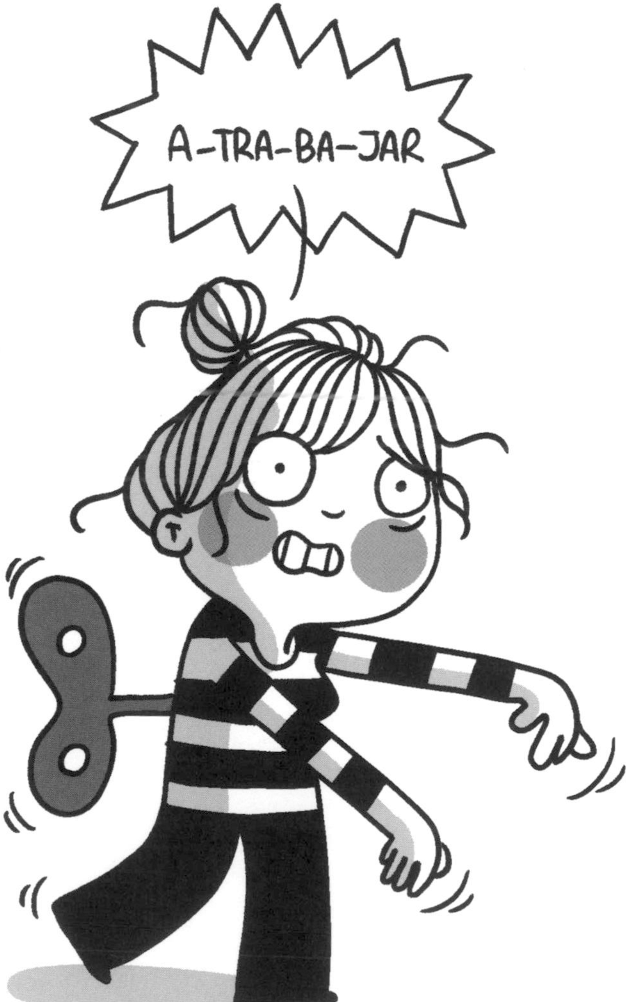
A-TRA-BA-JAR

LOW BATTERY

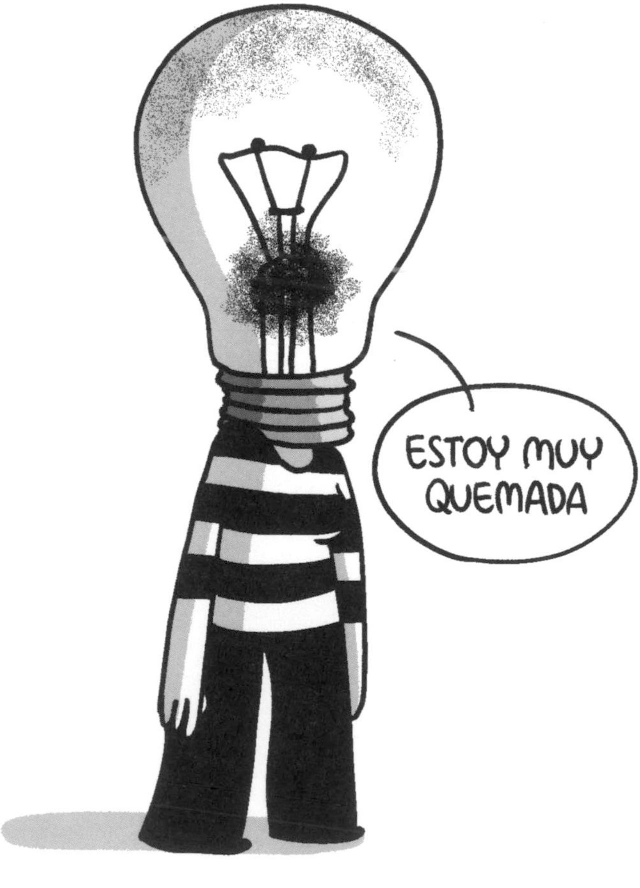
ESTOY MUY QUEMADA

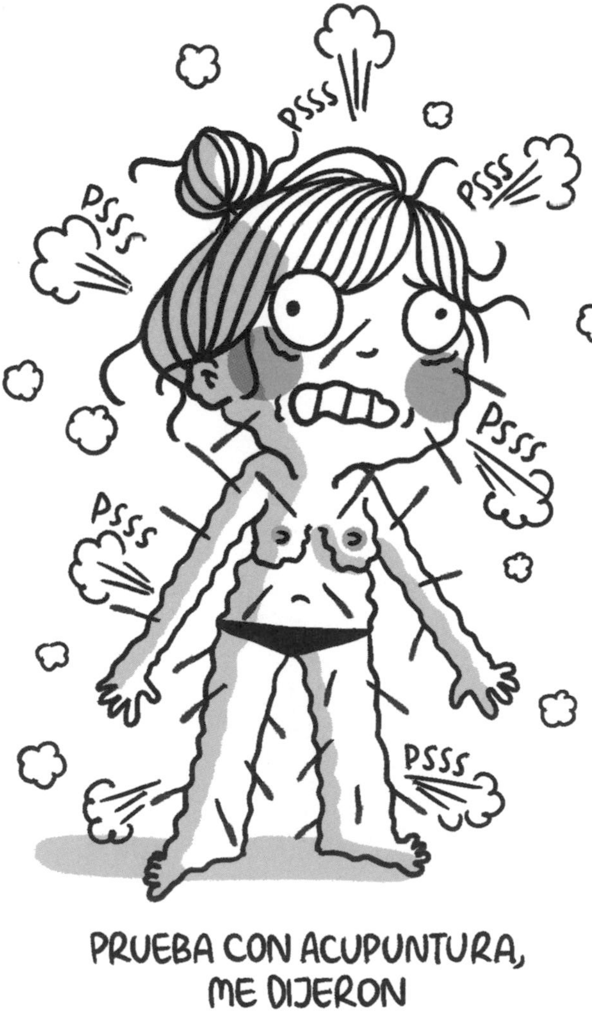
PSSS
PSSS
PSSS
PSSS
PSSS
PSSS

PRUEBA CON ACUPUNTURA,
ME DIJERON

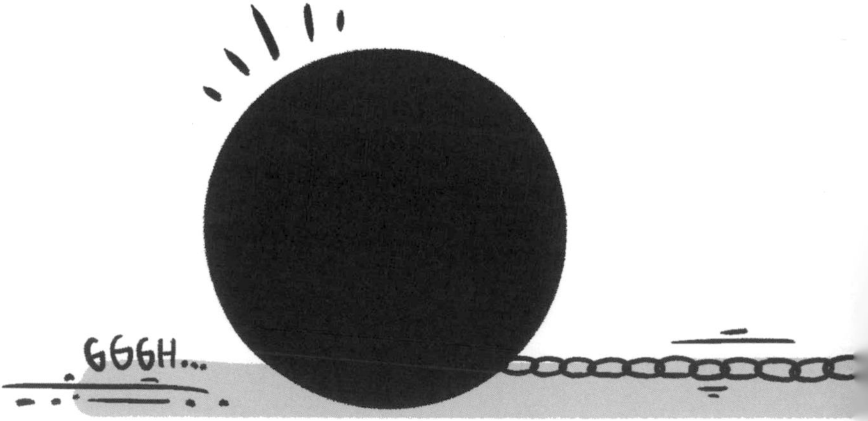
GGGH...

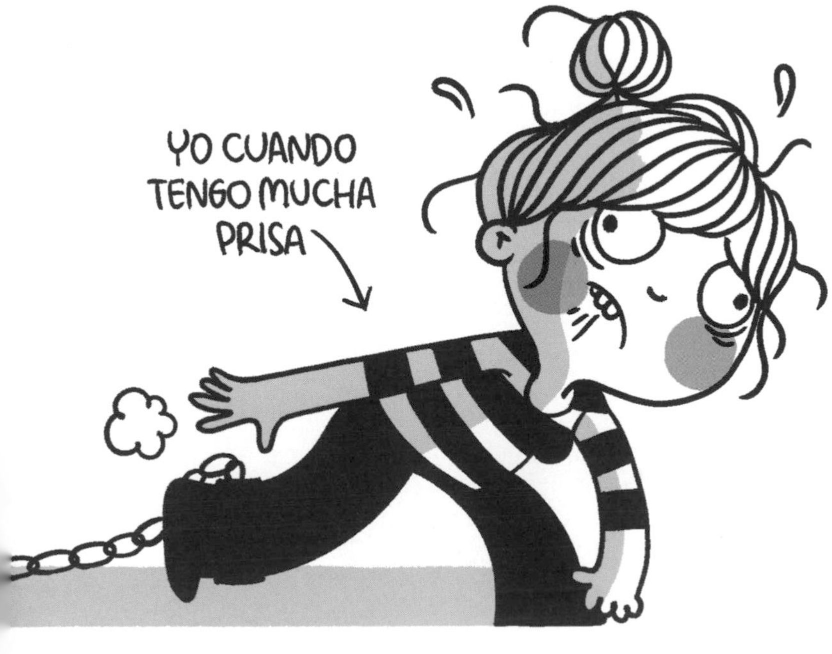
YO CUANDO
TENGO MUCHA
PRISA

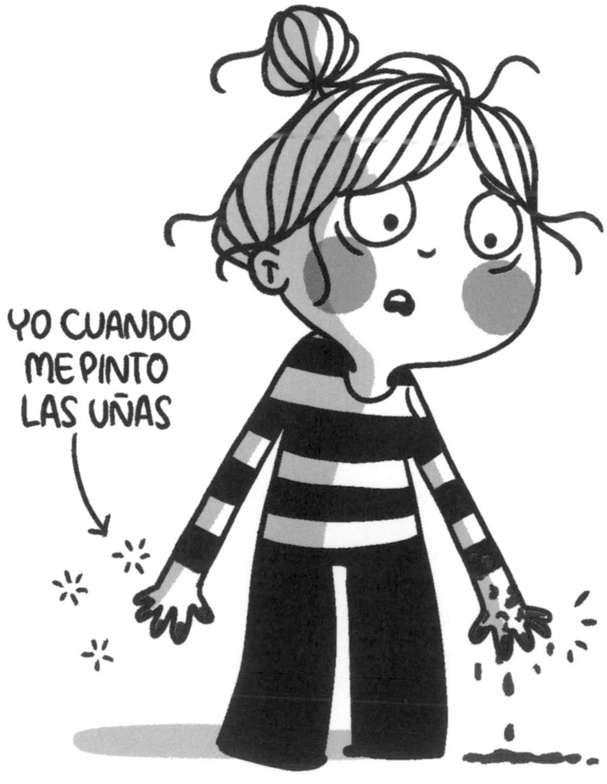
YO CUANDO
ME PINTO
LAS UÑAS

YO CUANDO
TERMINO DE
DEPILARME

YO CUANDO
SALGO DE LA
PELUQUERÍA

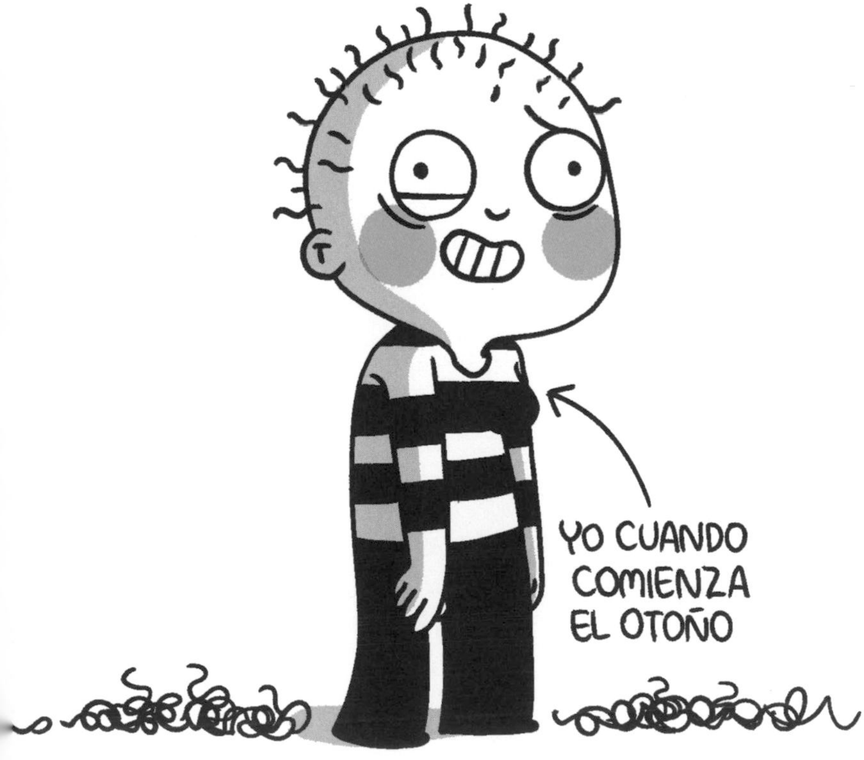
YO CUANDO COMIENZA EL OTOÑO

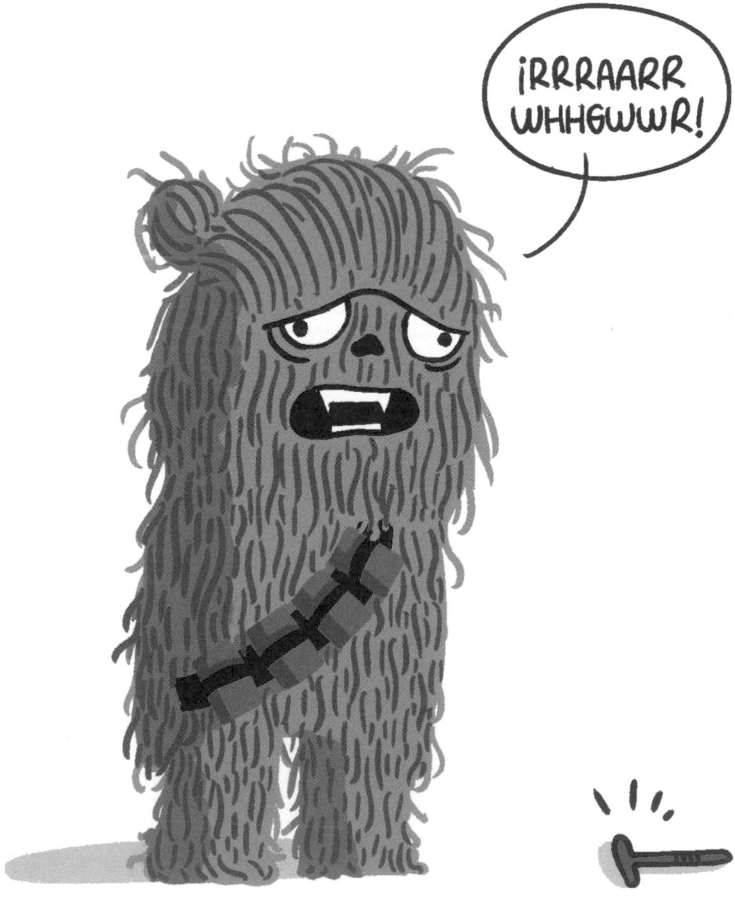
¡RRRAARR WHHGWWR!

EL INVIERNO HA LLEGADO

ME AFEITÉ

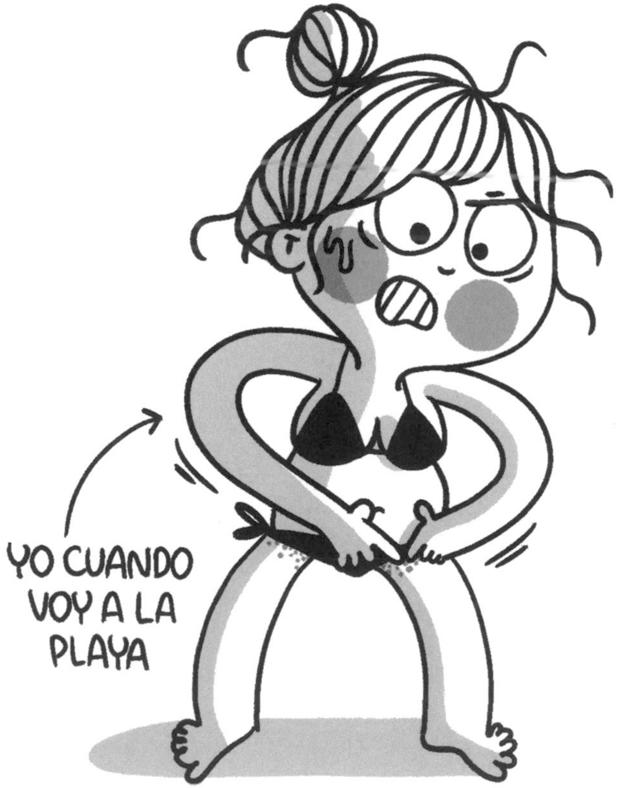
YO CUANDO
VOY A LA
PLAYA

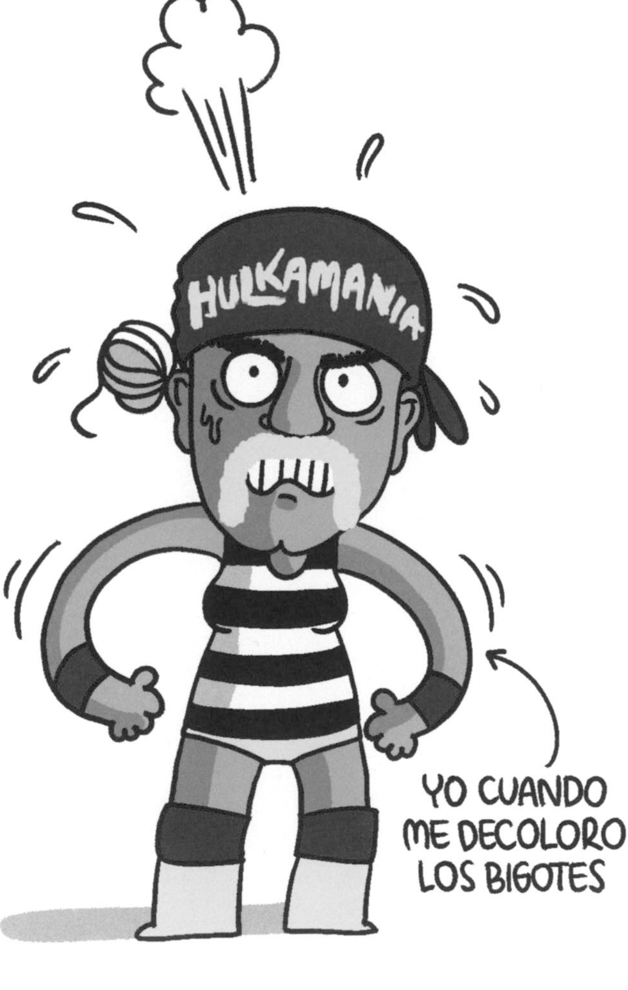
HULKAMANIA
YO CUANDO
ME DECOLORO
LOS BIGOTES

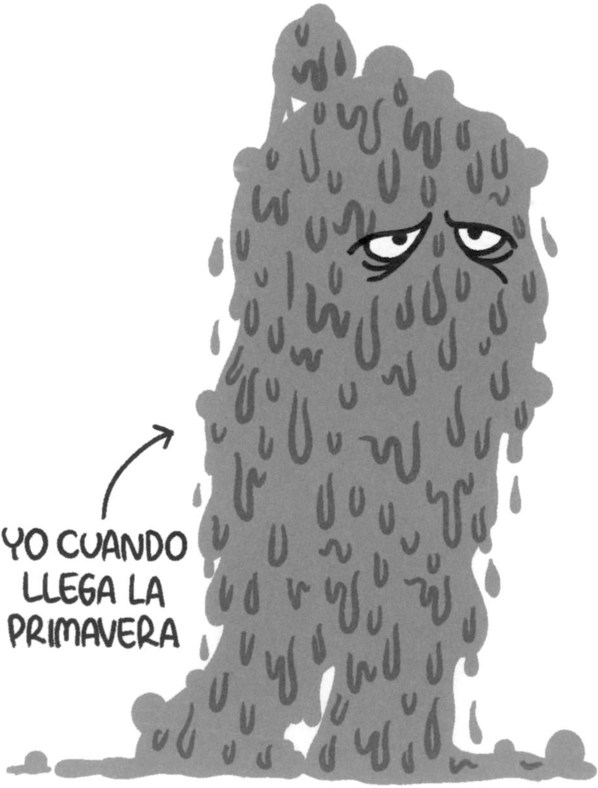
YO CUANDO LLEGA LA PRIMAVERA

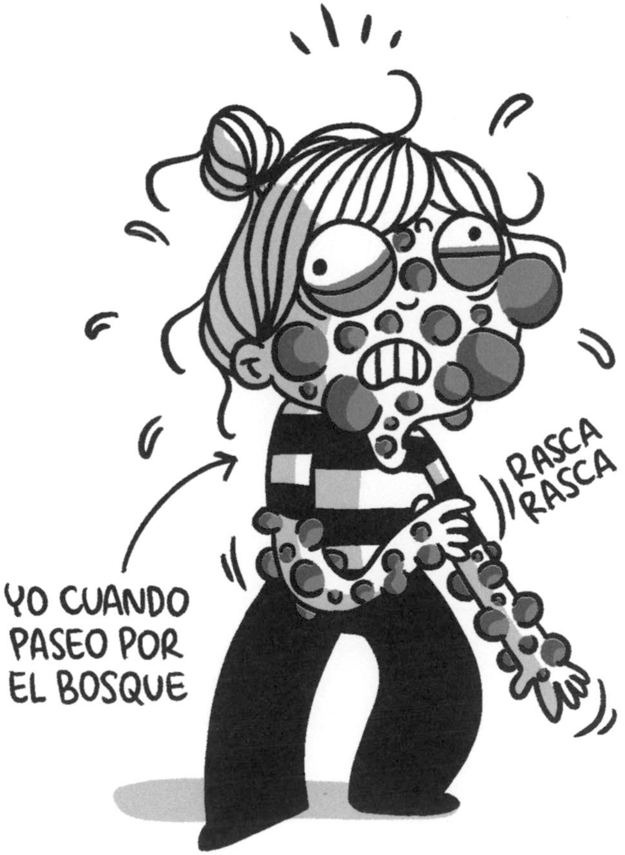
YO CUANDO PASEO POR EL BOSQUE
RASCA RASCA

YO CUANDO
HACE MESES
QUE NO ME
TIÑO

YO CUANDO
ME HAGO MECHAS
CALIFORNIANAS

YO DESPUÉS
DE APRETARME
ALGUNOS
GRANITOS

YO CUANDO
TENGO QUE
SALIR A LA CALLE
DESPUÉS DE
APRETÁRMELOS

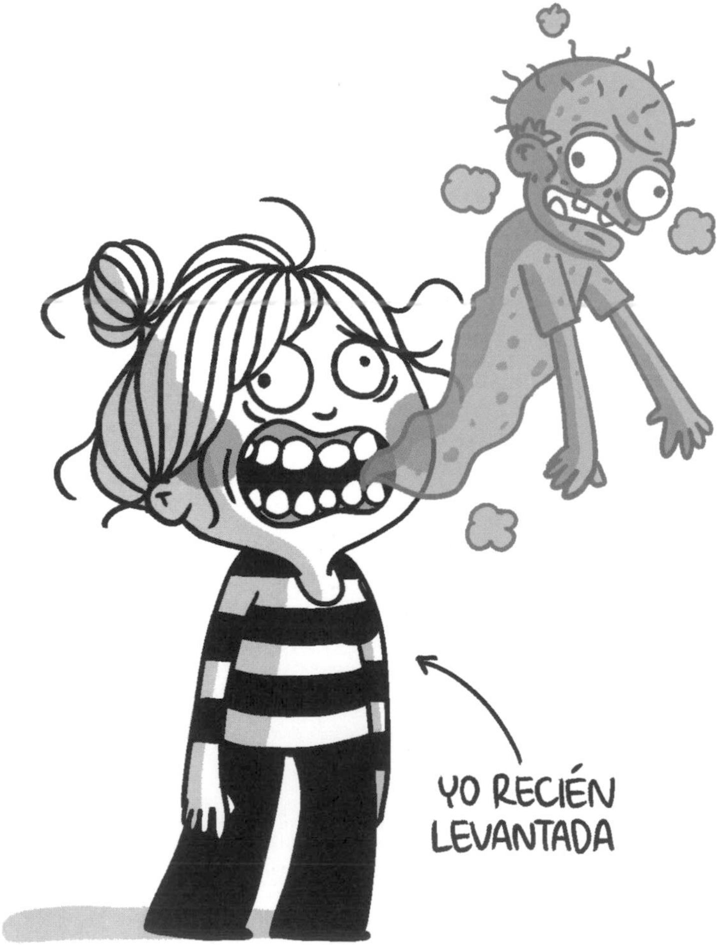
YO RECIÉN
LEVANTADA

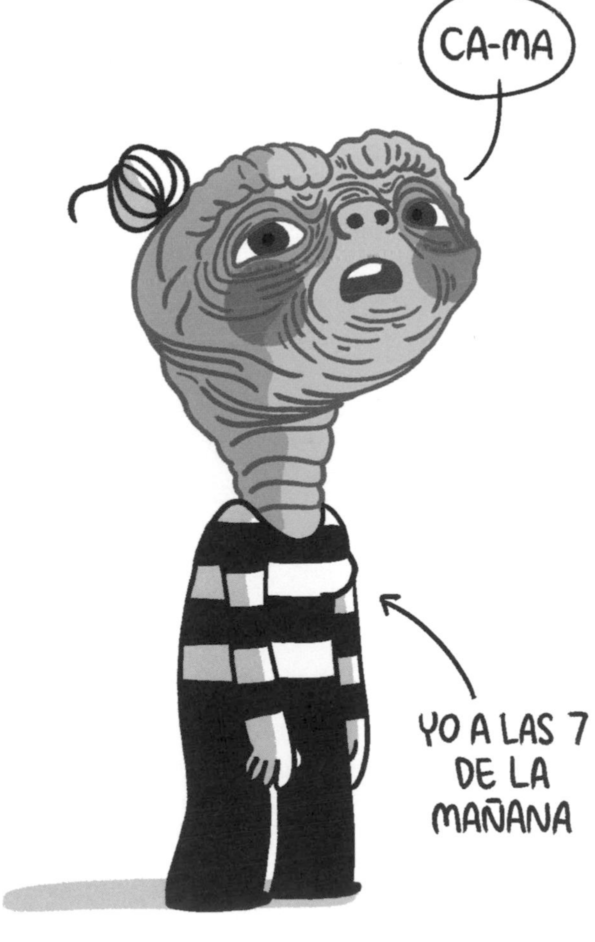
CA-MA
YO A LAS 7 DE LA MAÑANA

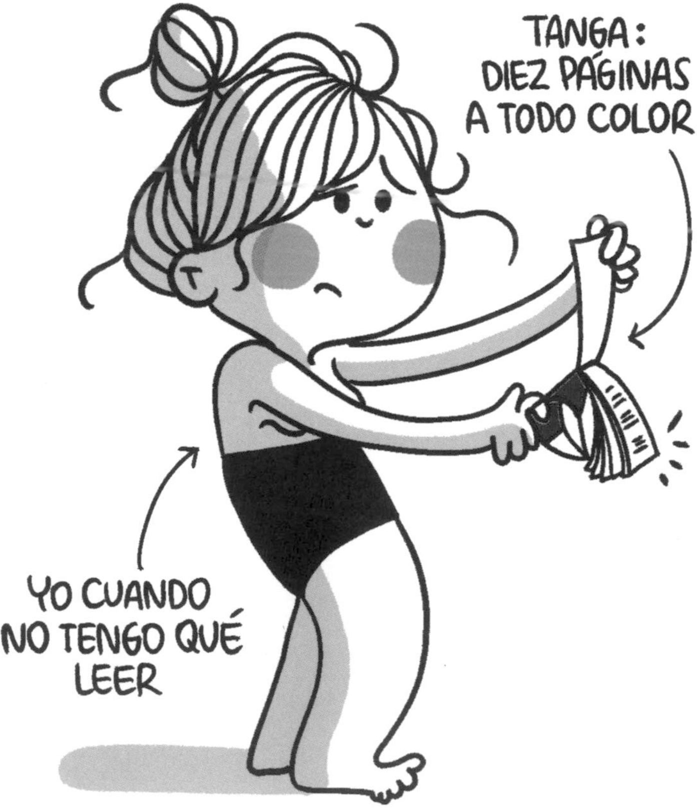
TANGA:
DIEZ PÁGINAS
A TODO COLOR
YO CUANDO
NO TENGO QUÉ
LEER

EL INFILTRADO EN LA COLADA

UNA CANA

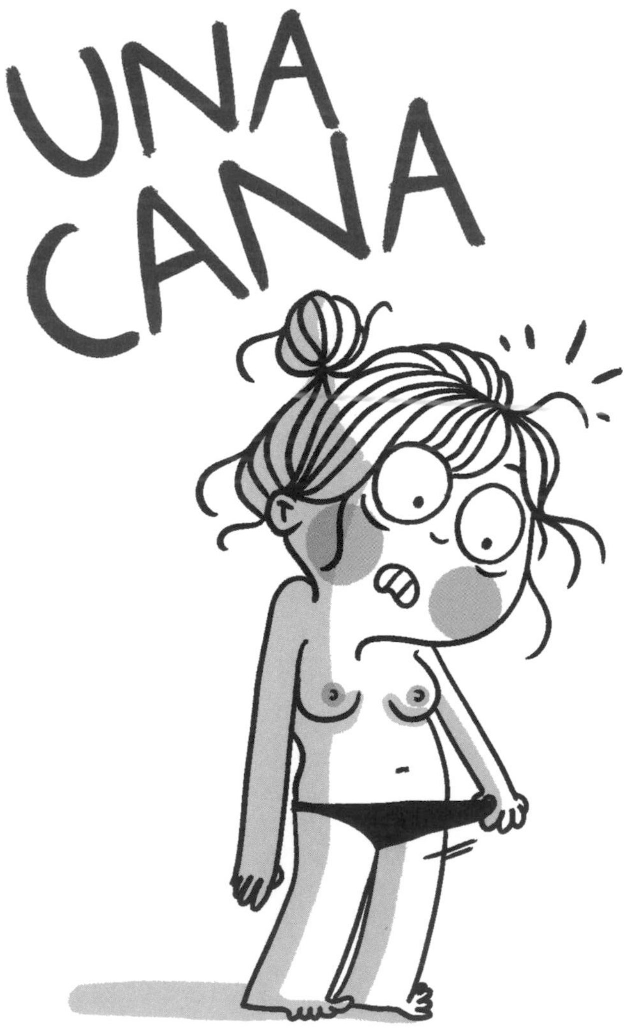

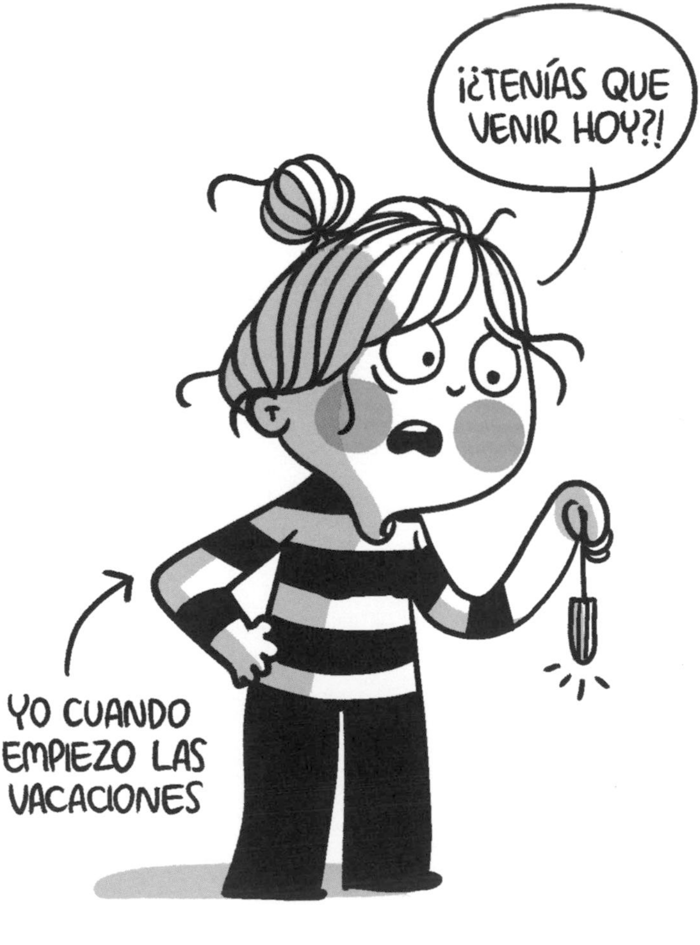
¡¿TENÍAS QUE VENIR HOY?!
YO CUANDO EMPIEZO LAS VACACIONES

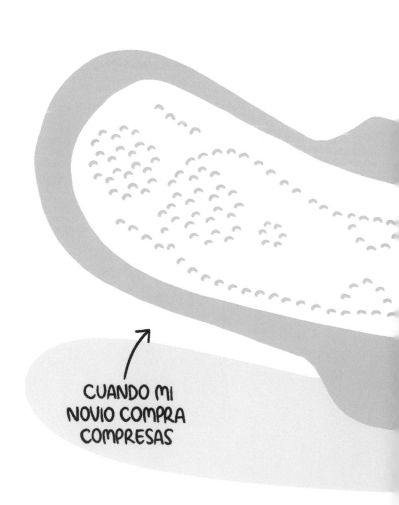

CUANDO MI
NOVIO COMPRA
COMPRESAS

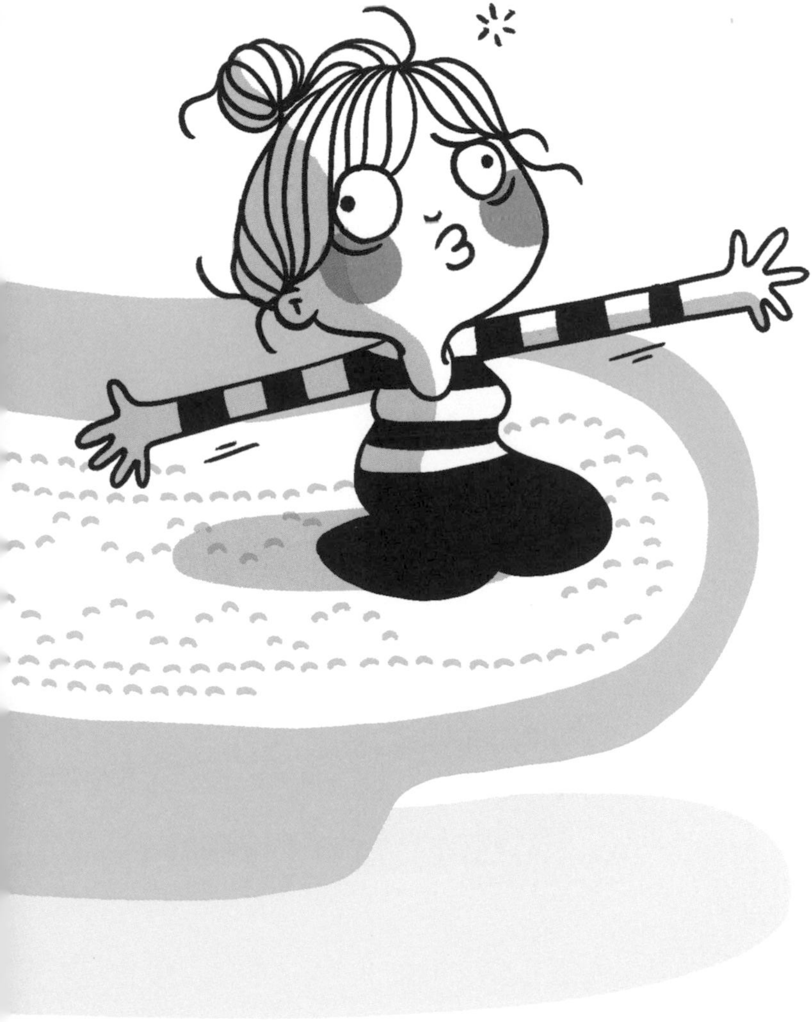

YO DESPUÉS
DE LAS
FIESTAS

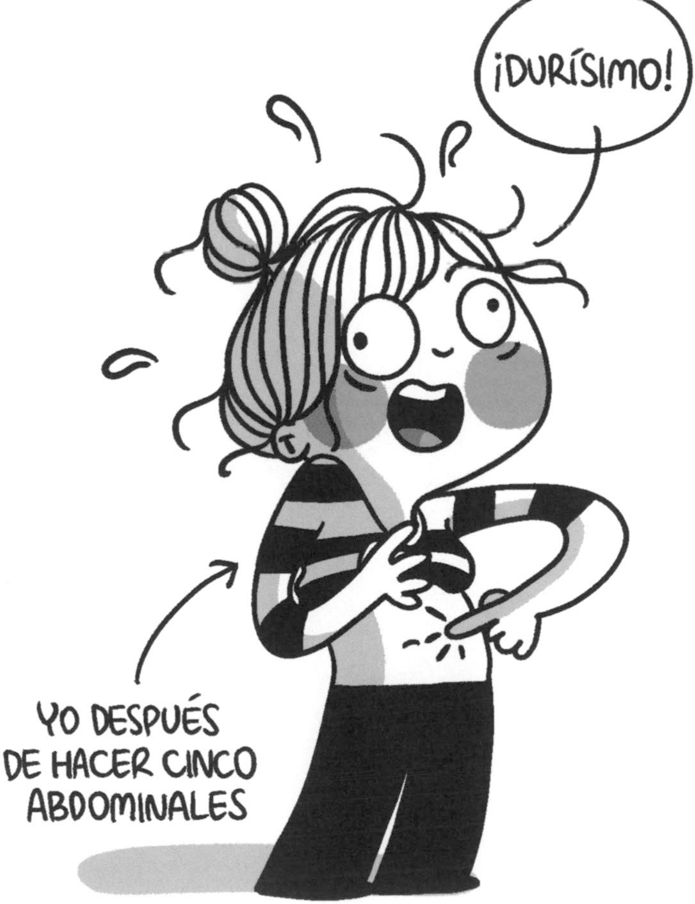
¡DURÍSIMO!
YO DESPUÉS DE HACER CINCO ABDOMINALES

235 KM/H

ARMA DE DESTRUCCIÓN MASIVA

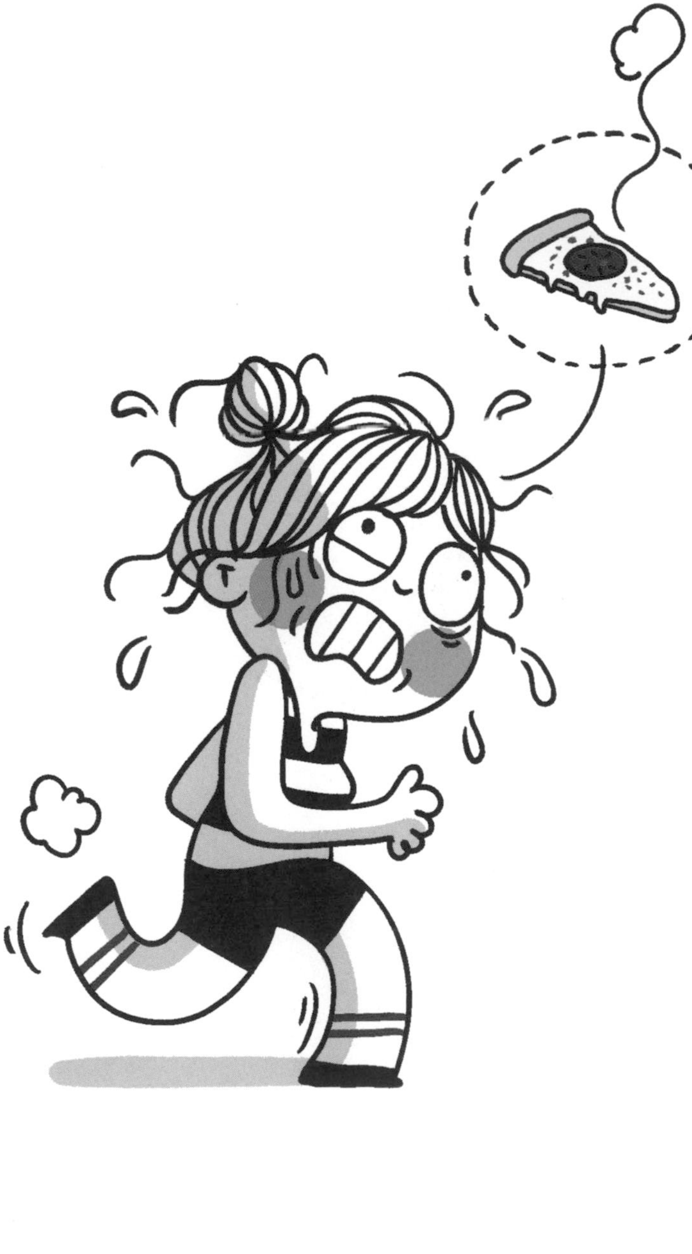

YO CUANDO
ESTOY A
DIETA

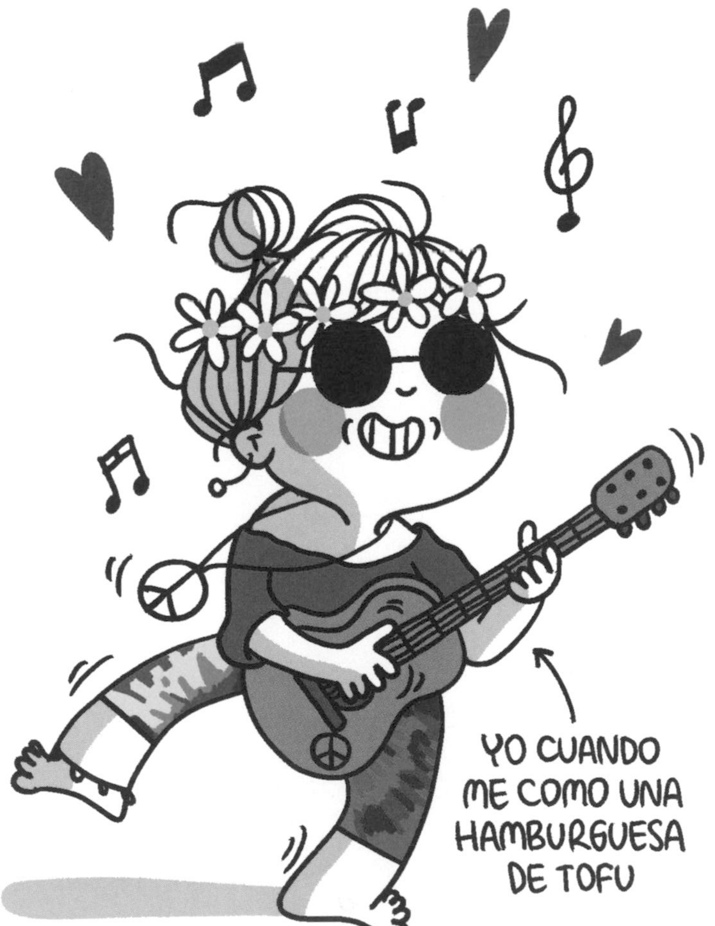
YO CUANDO
ME COMO UNA
HAMBURGUESA
DE TOFU

YO CUANDO
TENGO
HAMBRE

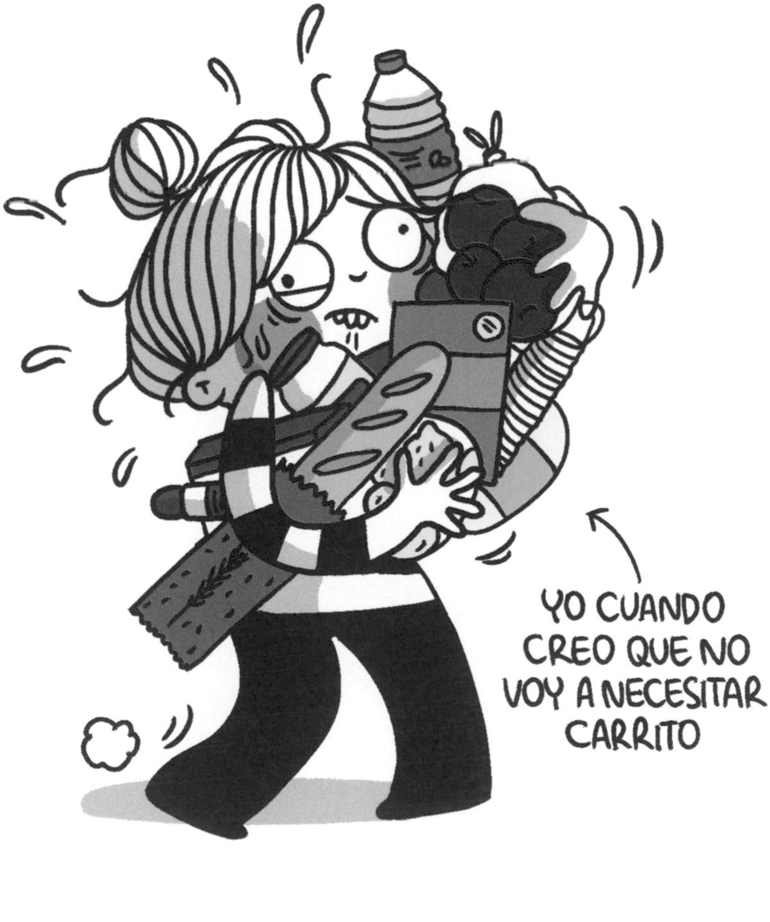
YO CUANDO
CREO QUE NO
VOY A NECESITAR
CARRITO

YO INTENTANDO
INSTALAR UN
"SOFTWARE"

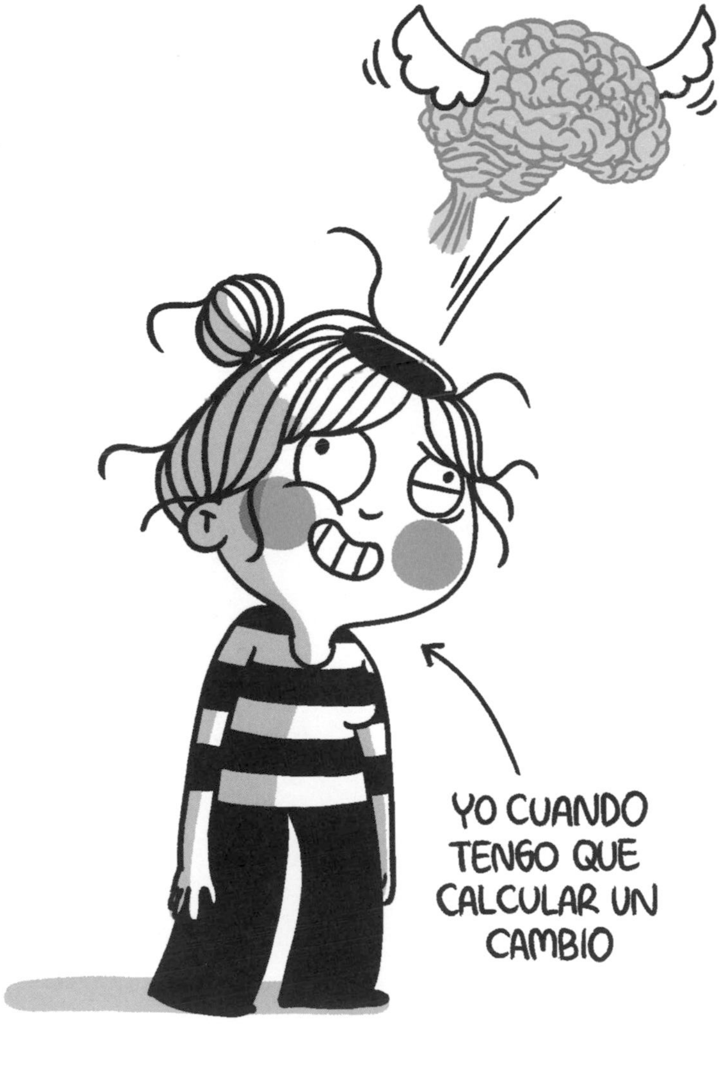
YO CUANDO TENGO QUE CALCULAR UN CAMBIO

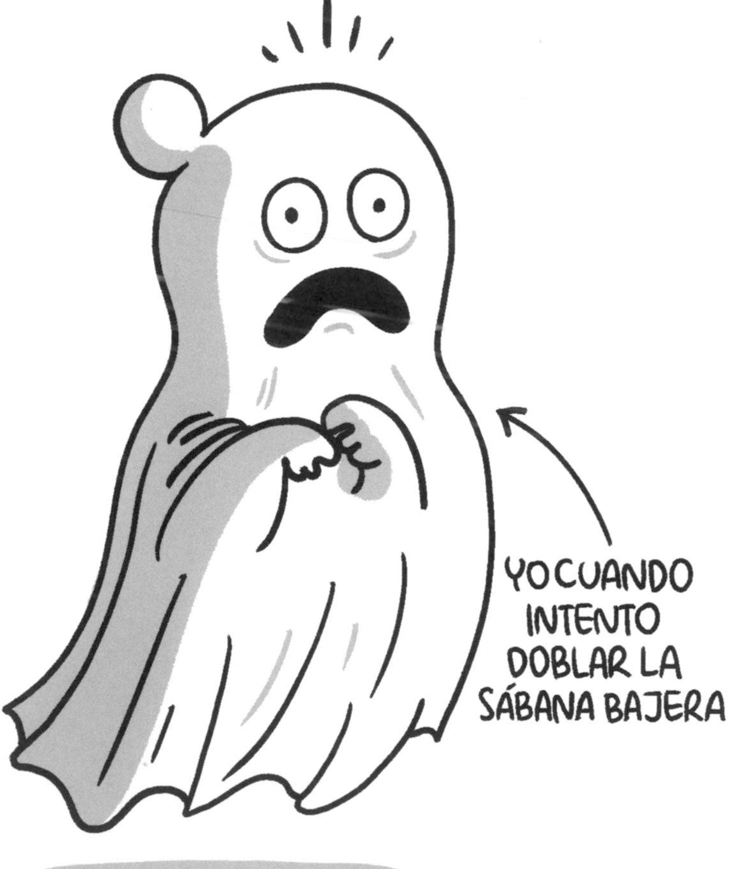
YO CUANDO INTENTO DOBLAR LA SÁBANA BAJERA

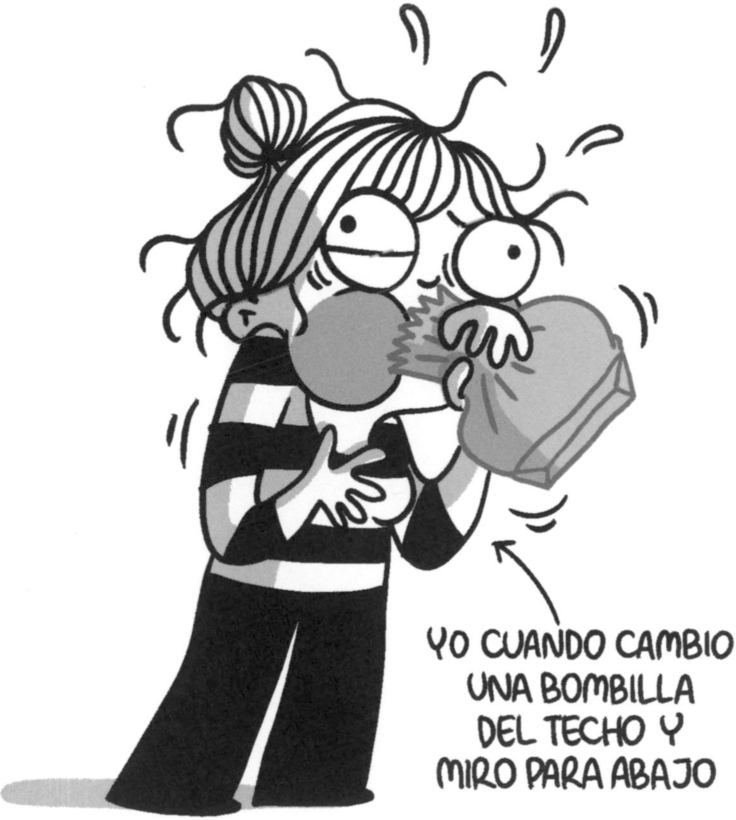
YO CUANDO CAMBIO
UNA BOMBILLA
DEL TECHO Y
MIRO PARA ABAJO

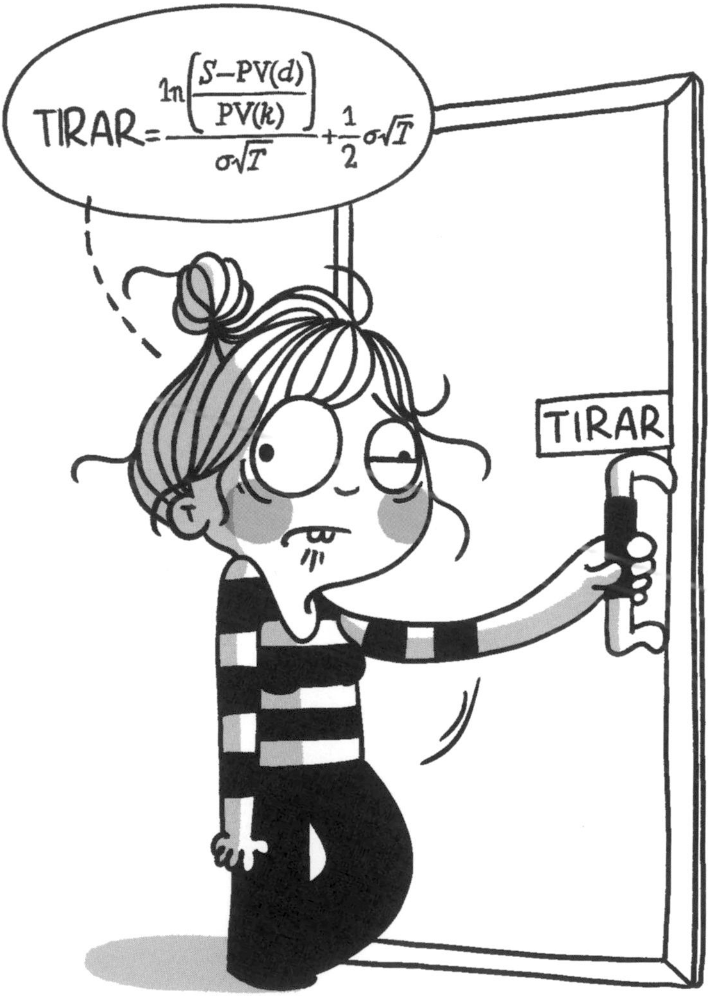

$TIRAR = \frac{\ln\left[\frac{S - PV(d)}{PV(k)}\right]}{\sigma\sqrt{T}} + \frac{1}{2}\sigma\sqrt{T}$
TIRAR

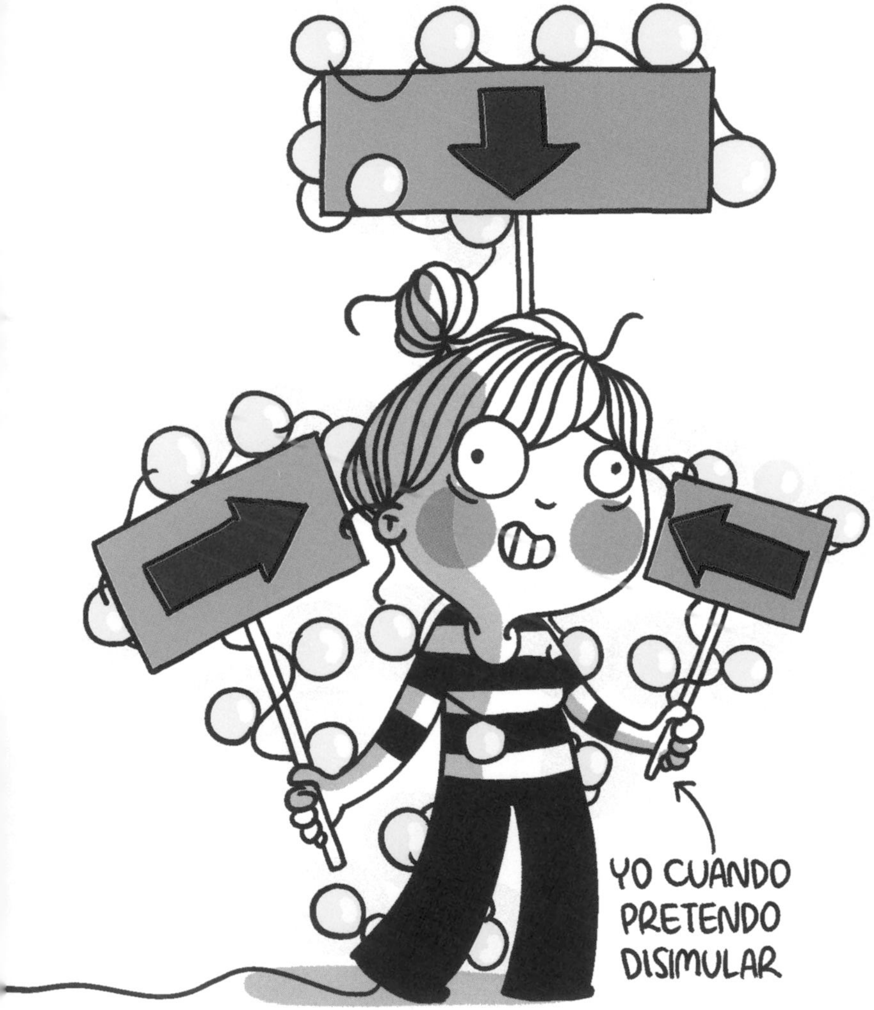
YO CUANDO
PRETENDO
DISIMULAR

YO INTENTANDO
GUARDAR UN
SECRETO

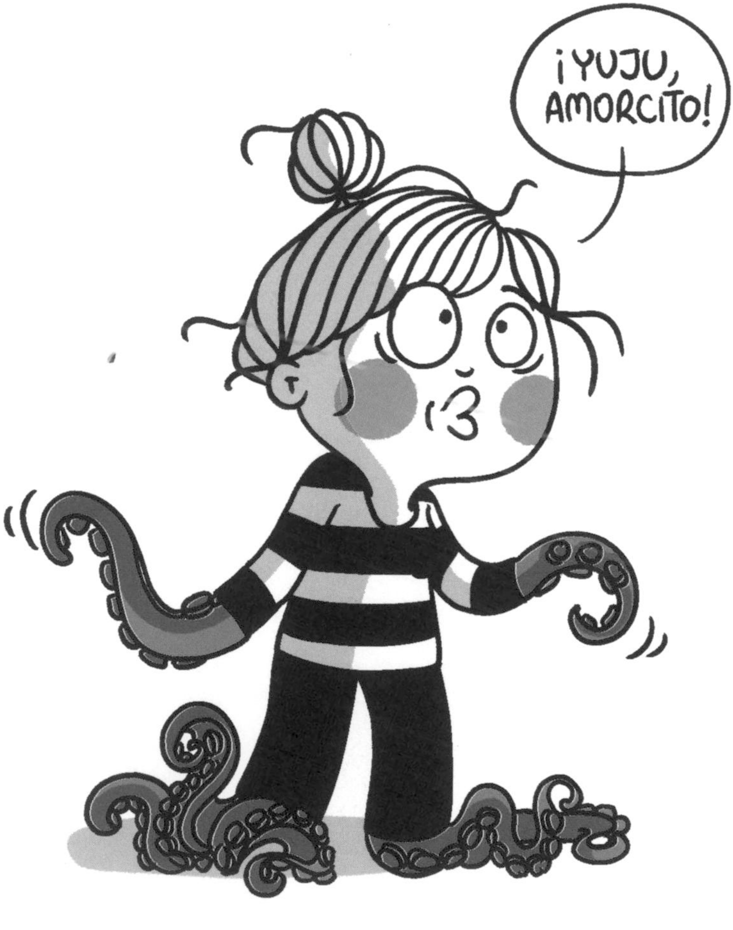
¡YUJU, AMORCITO!

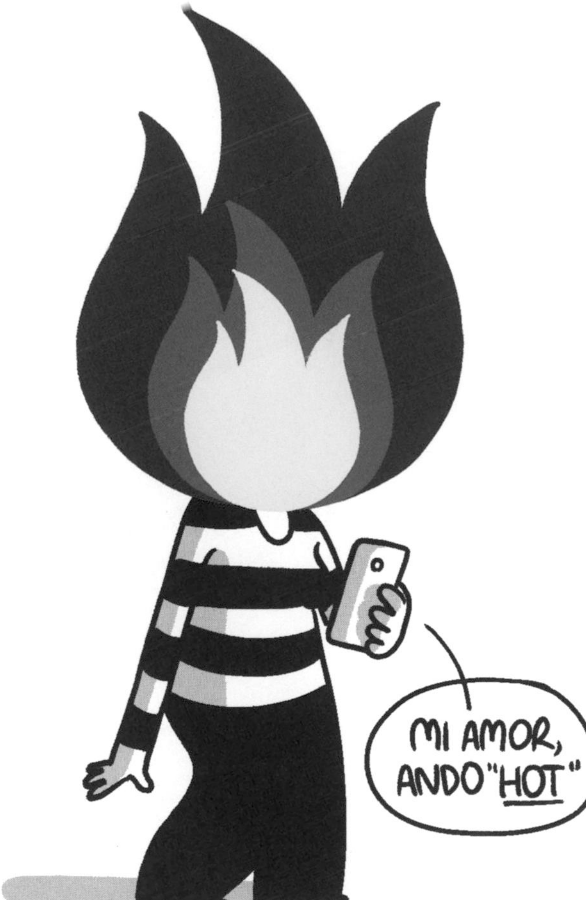
MI AMOR, ANDO "HOT"

PENSANDO GUARRADAS

YO CUANDO
CONOCÍ A
MIS SUEGROS

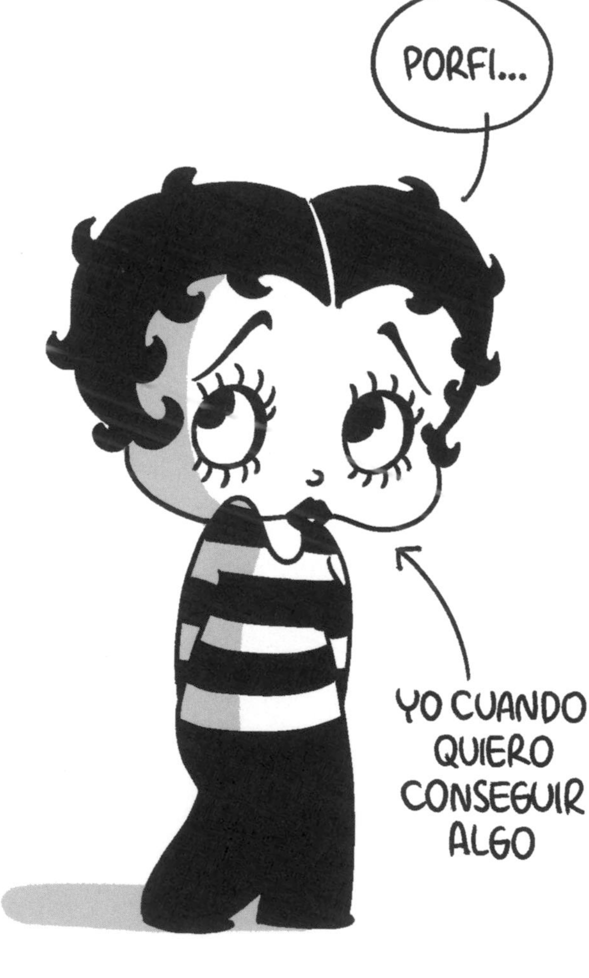
PORFI...
YO CUANDO QUIERO CONSEGUIR ALGO

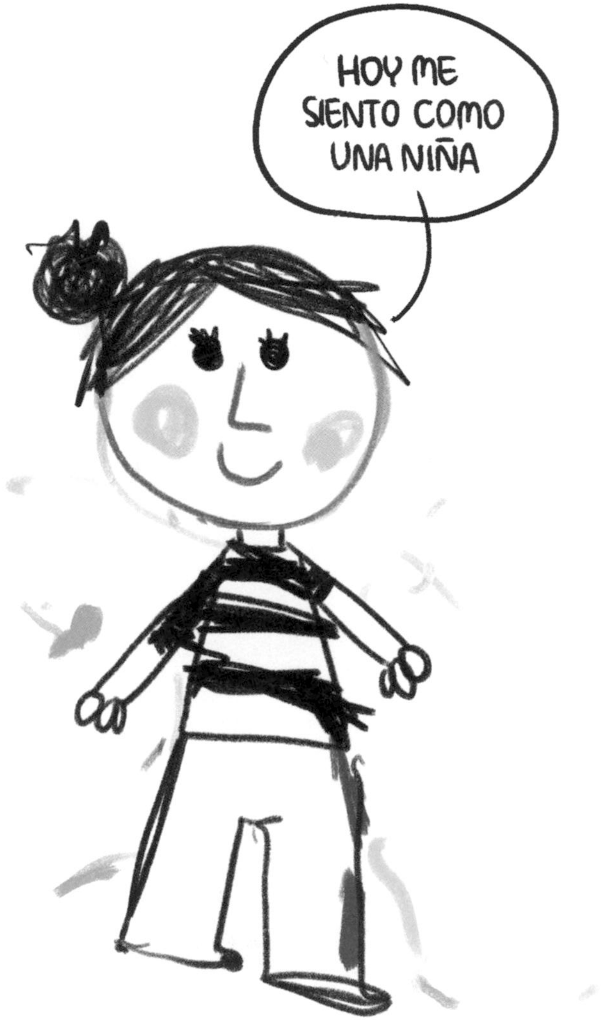
HOY ME SIENTO COMO UNA NIÑA

YO CUANDO
VOY A UNA
DISCOTECA

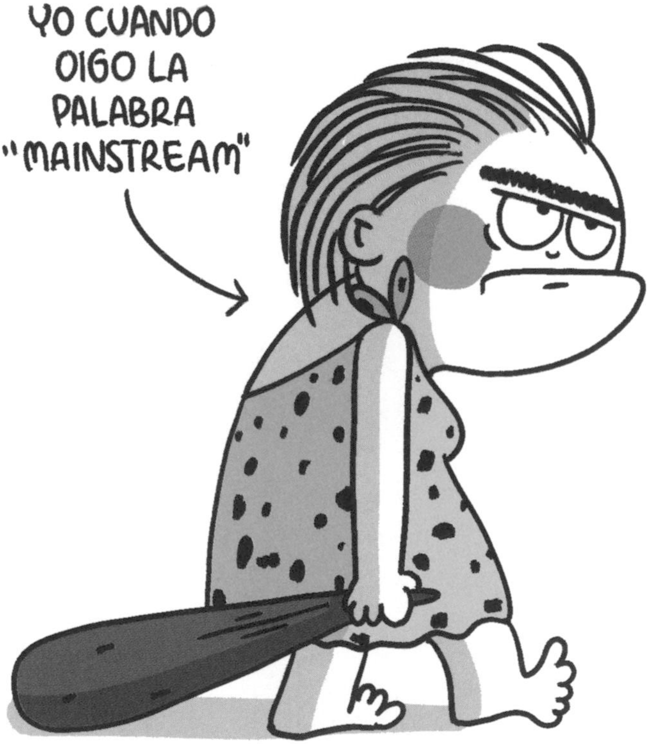
YO CUANDO OIGO LA PALABRA "MAINSTREAM"

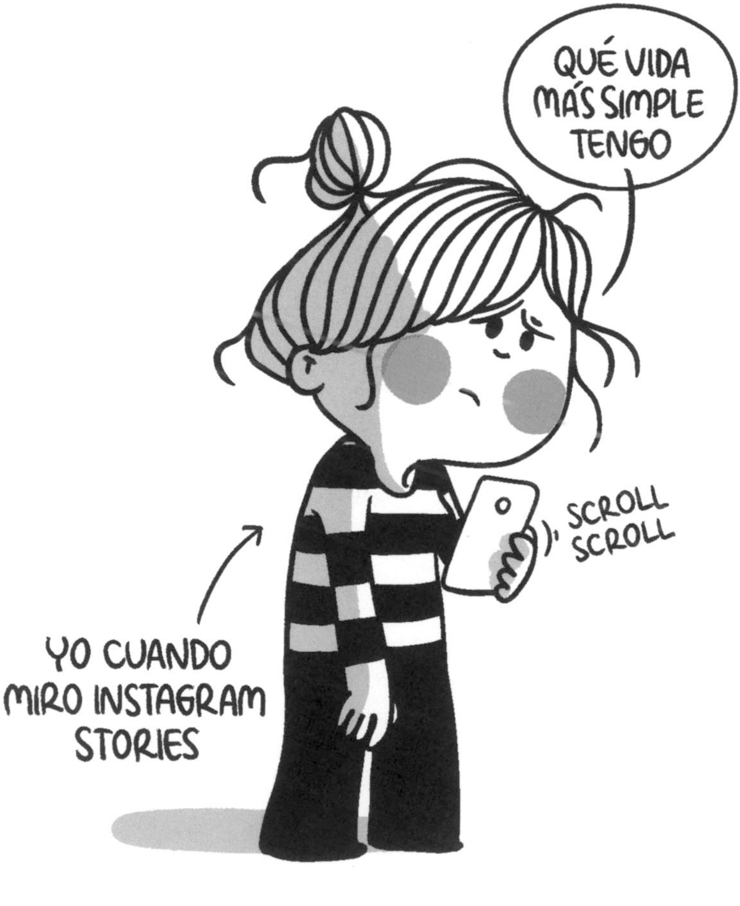
QUÉ VIDA MÁS SIMPLE TENGO
SCROLL SCROLL
YO CUANDO MIRO INSTAGRAM STORIES

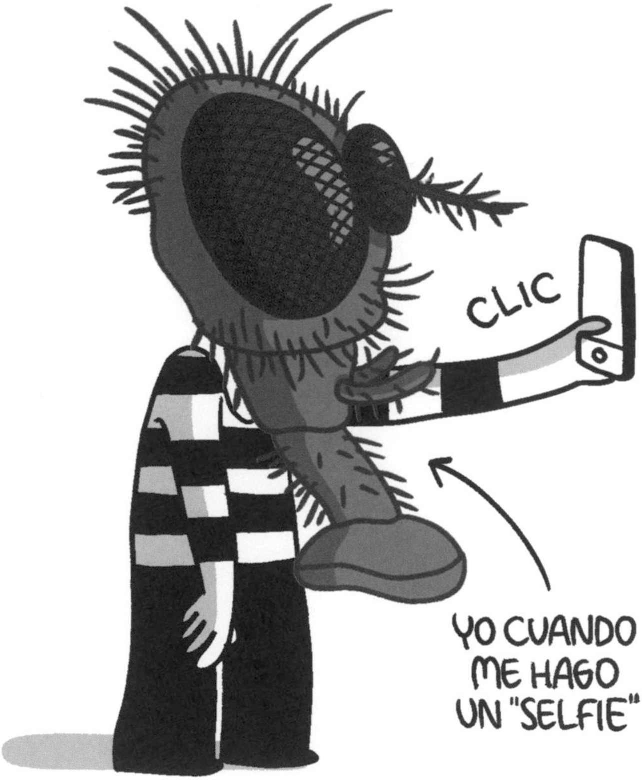
CLIC
YO CUANDO
ME HAGO
UN "SELFIE"

YO CUANDO
VIAJO EN
EL AVE

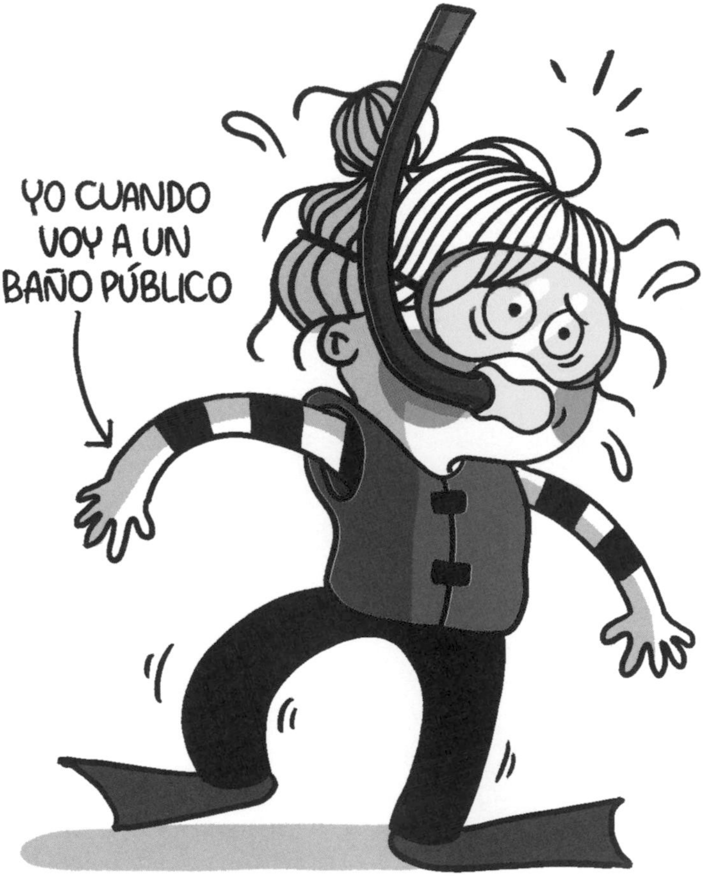
YO CUANDO
VOY A UN
BAÑO PÚBLICO

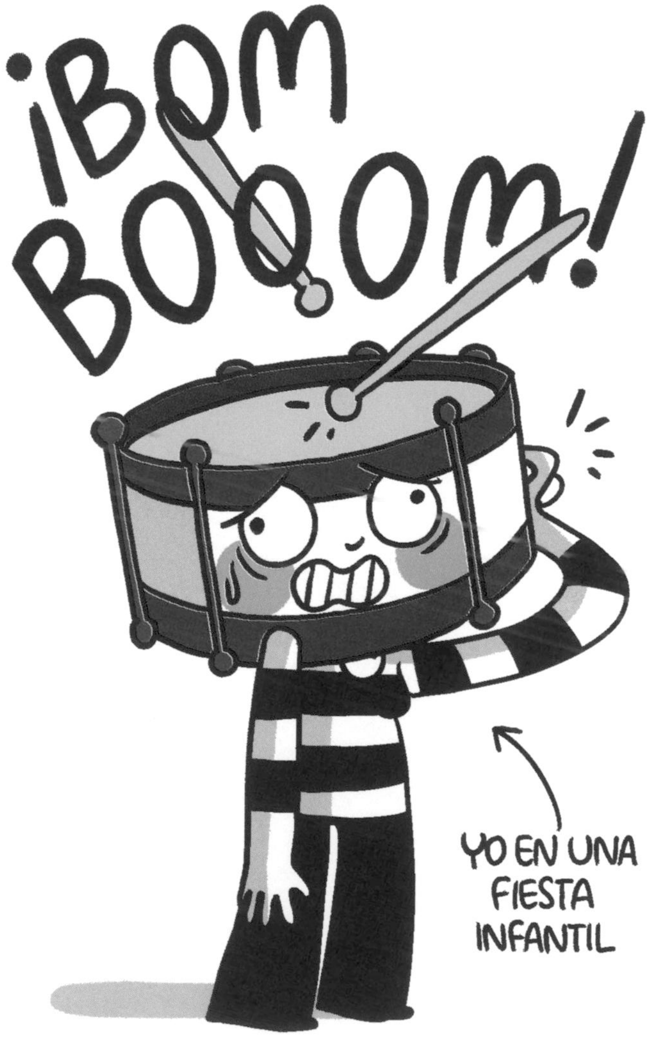
¡BOM BOOOM!
YO EN UNA FIESTA INFANTIL

YO CUANDO
NO RECUERDO
EL NOMBRE DE
ALGUIEN

YO CUANDO
BAILO
EN PÚBLICO

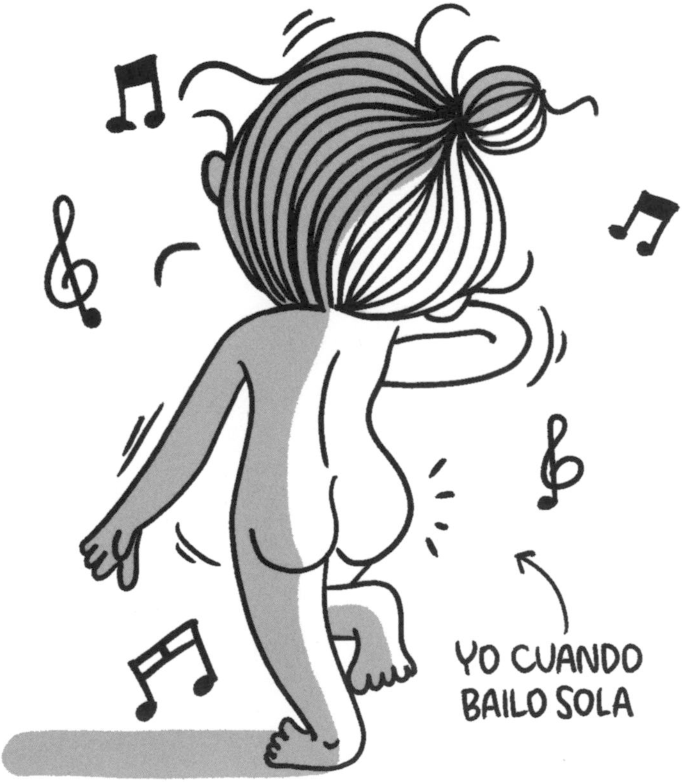
YO CUANDO
BAILO SOLA

YO CUANDO
ESTOY EN SITIOS
MUY LLENOS

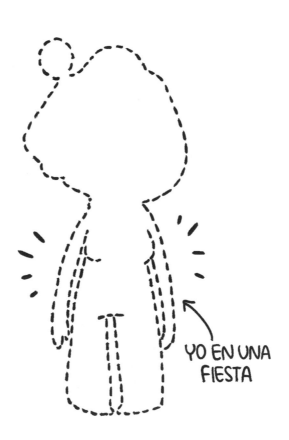

YO EN UNA FIESTA

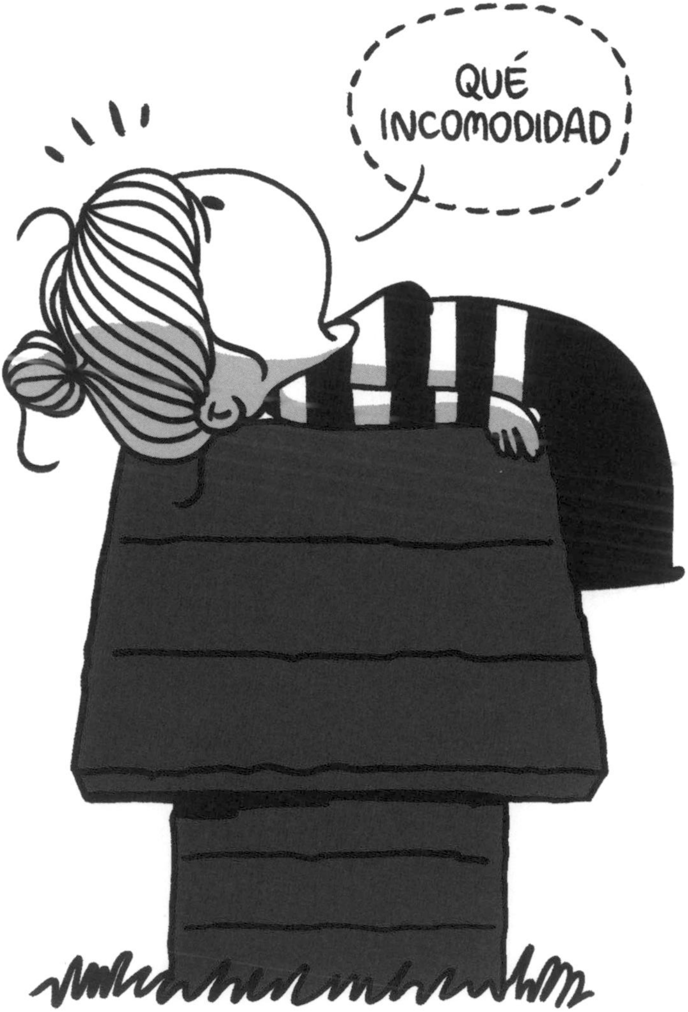
QUÉ INCOMODIDAD

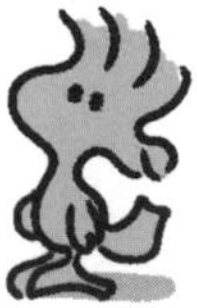

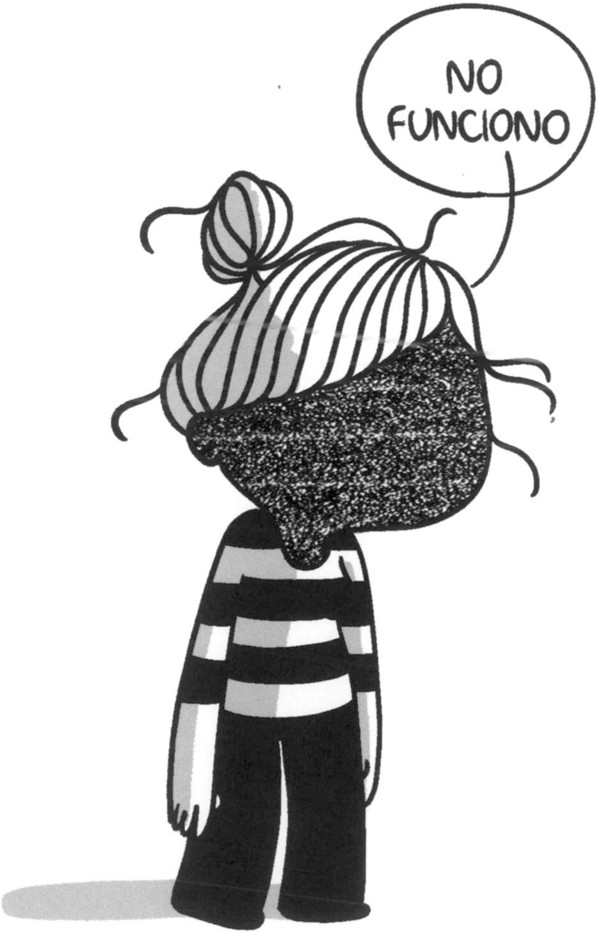
NO FUNCIONO

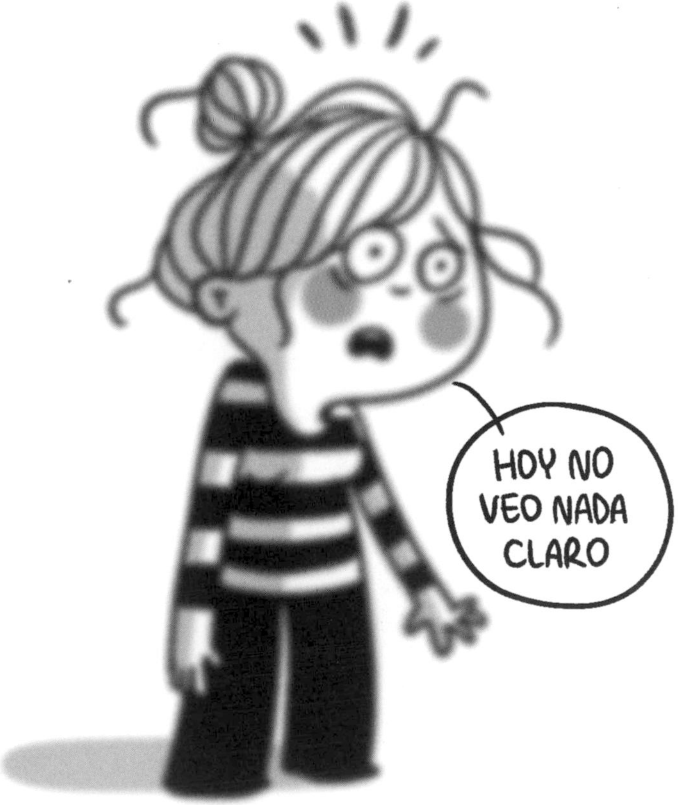
HOY NO VEO NADA CLARO

YO CUANDO
ESPERO A LOS
IMPUNTUALES

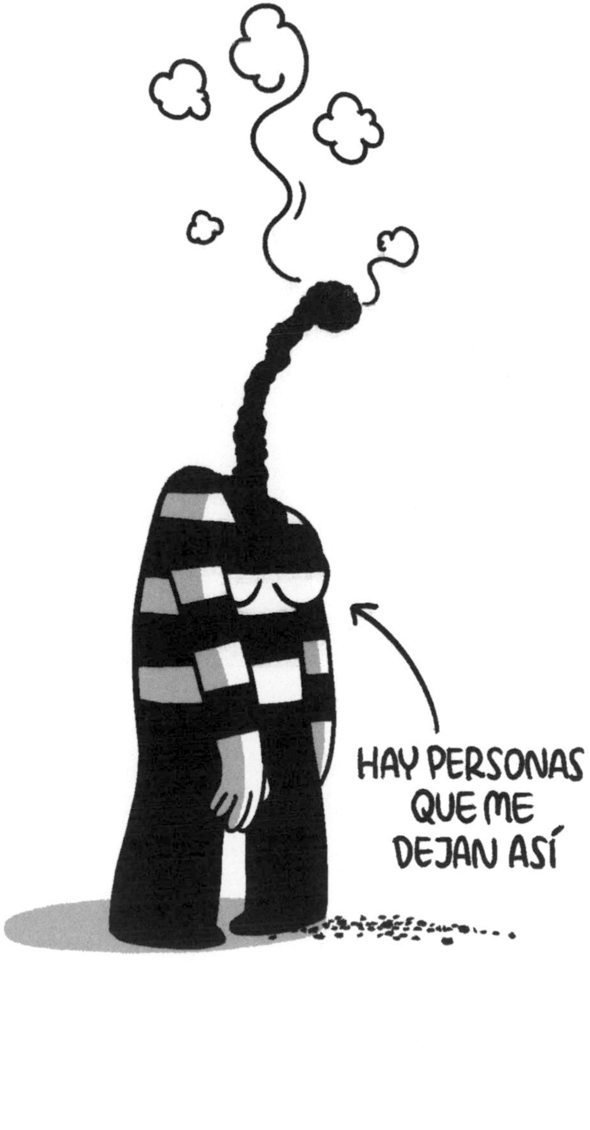
HAY PERSONAS
QUE ME
DEJAN ASÍ

DÍA DE MIERDA

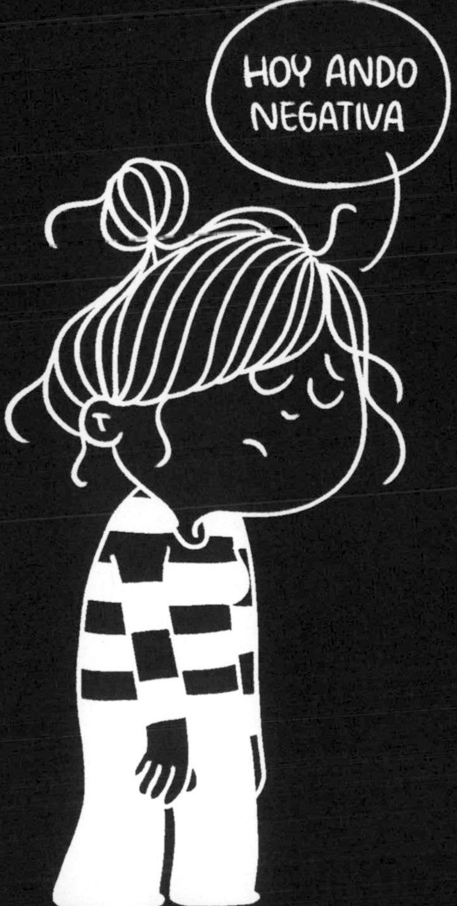
HOY ANDO NEGATIVA

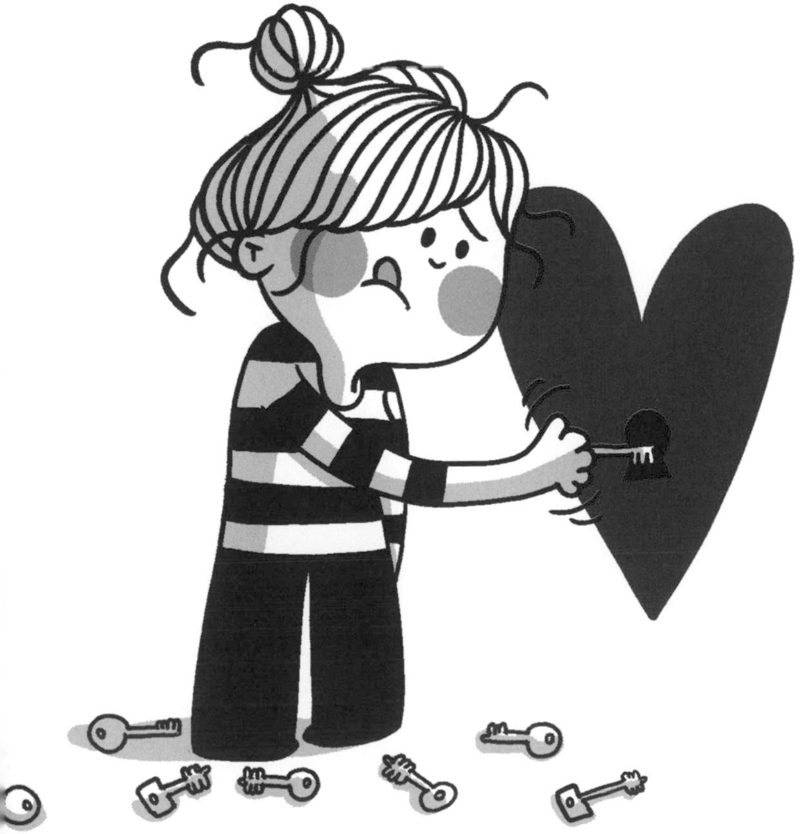

YO CUANDO
ME ENAMORO

YO
SIEMPRE

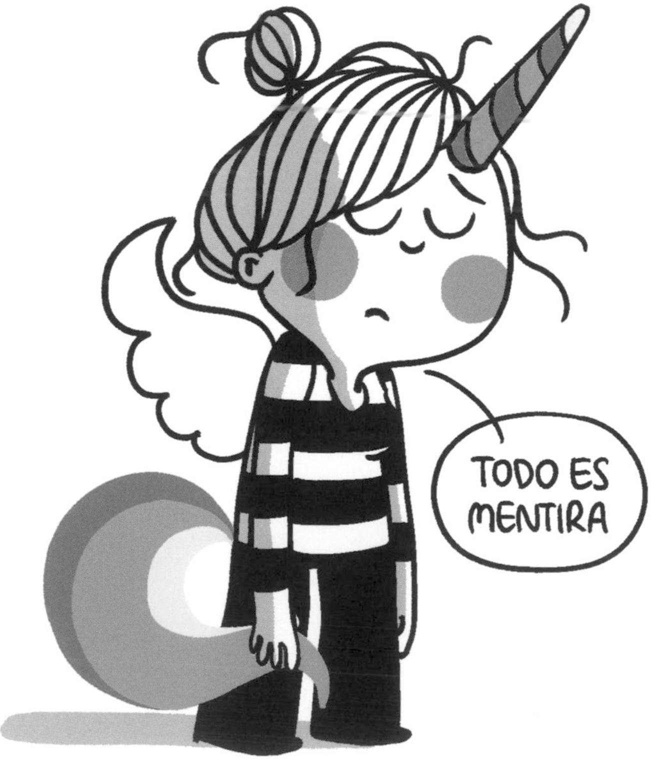
TODO ES MENTIRA

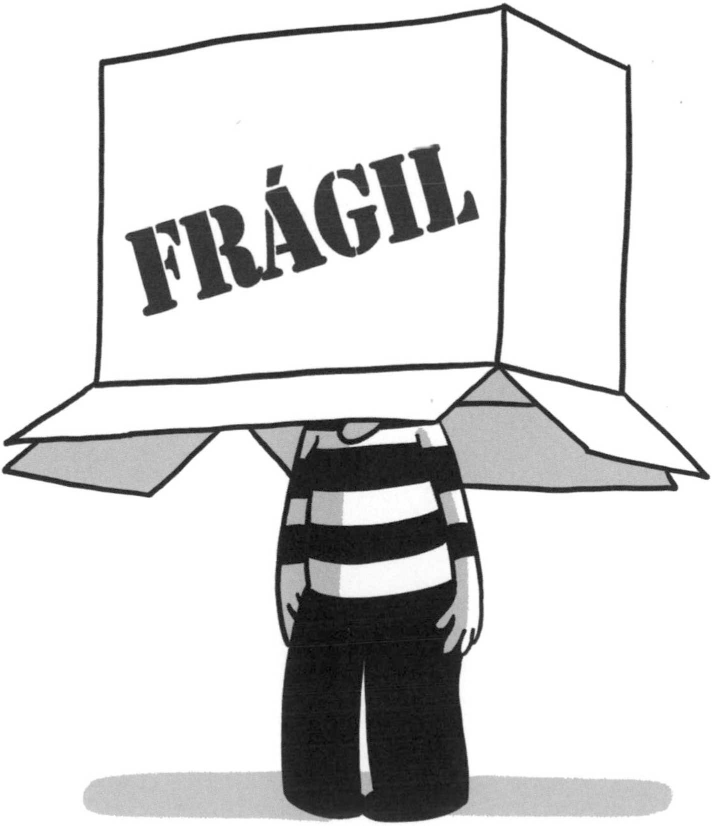
FRÁGIL

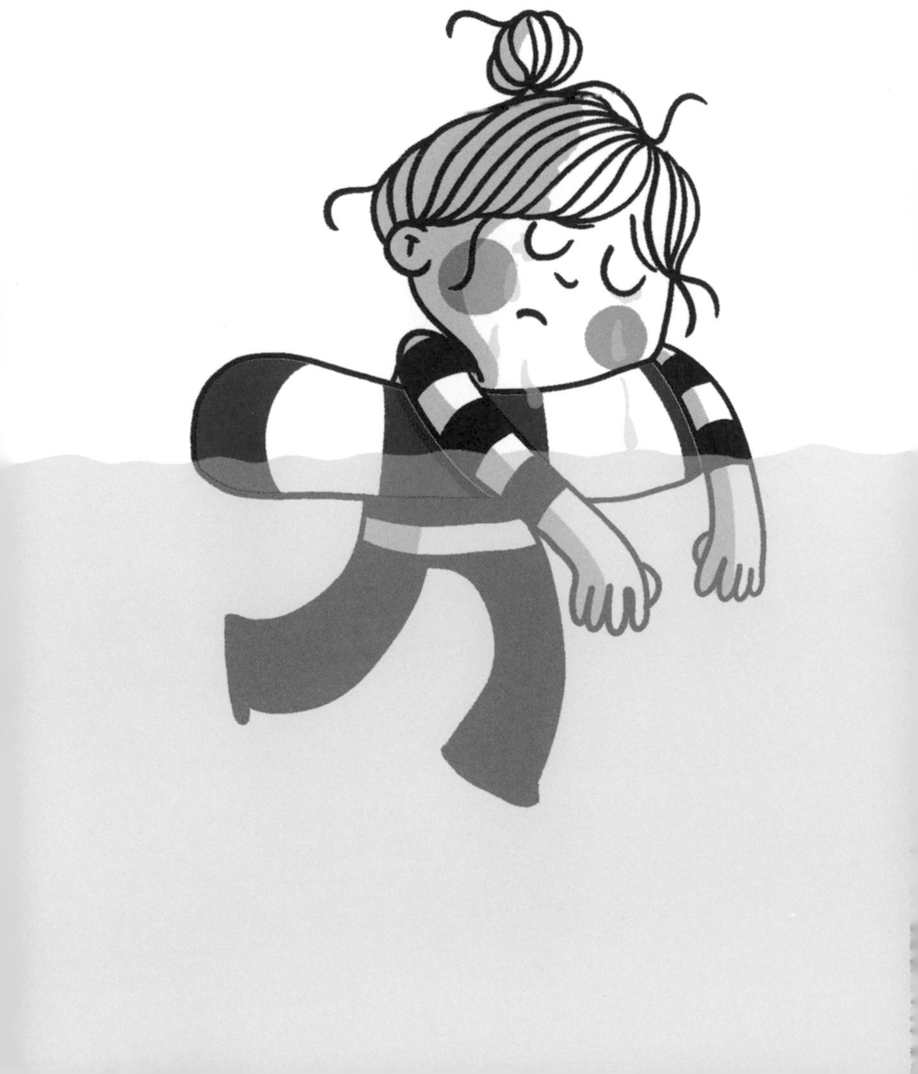

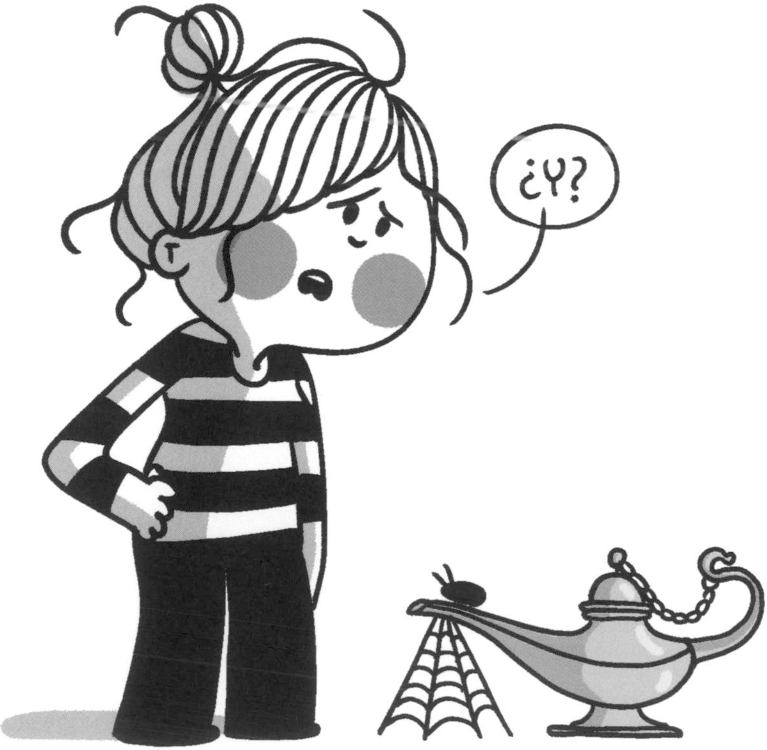
¿Y?

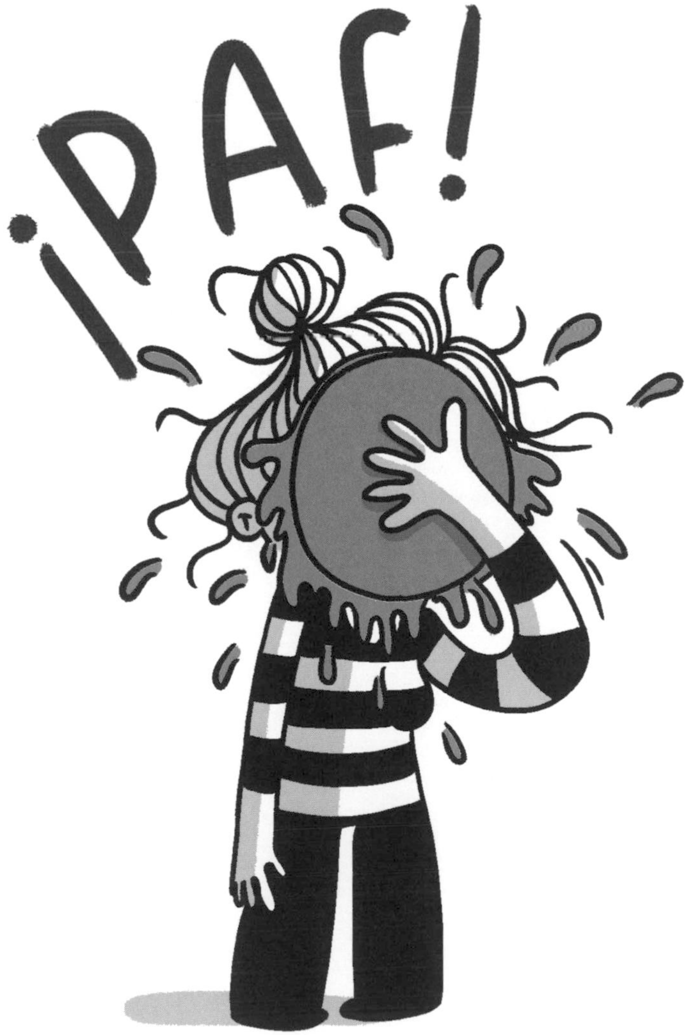
¡PAF!

LA REALIDAD

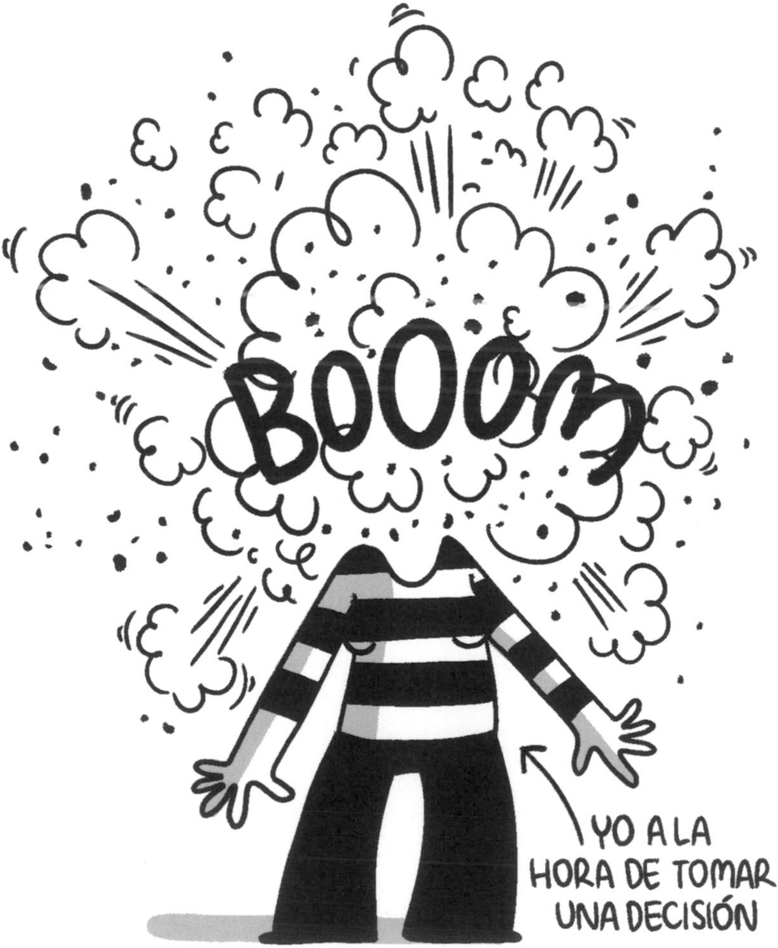
BOOOM
YO A LA HORA DE TOMAR UNA DECISIÓN

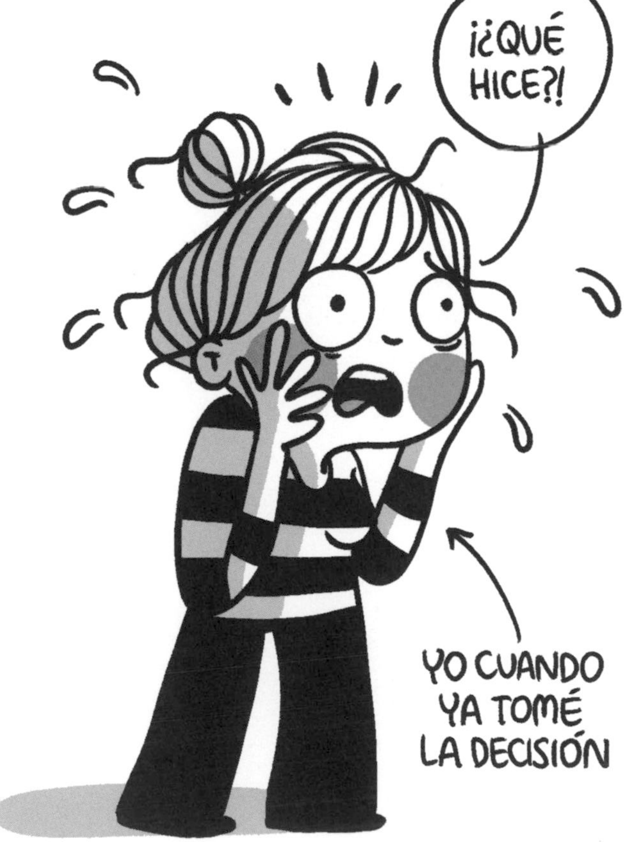
¡¿QUÉ HICE?!
YO CUANDO YA TOMÉ LA DECISIÓN

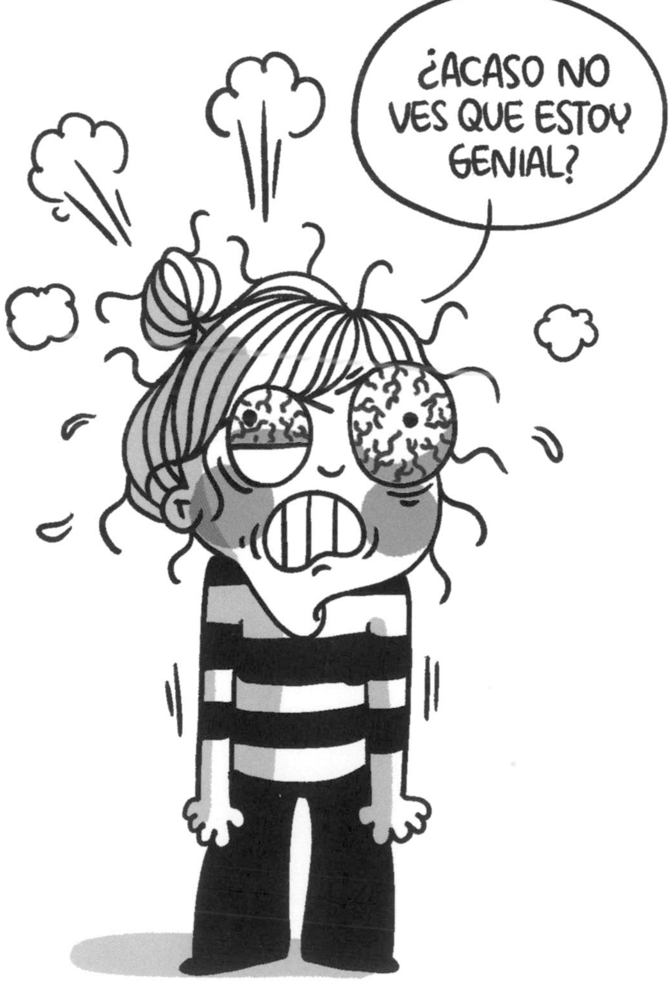
¿ACASO NO VES QUE ESTOY GENIAL?

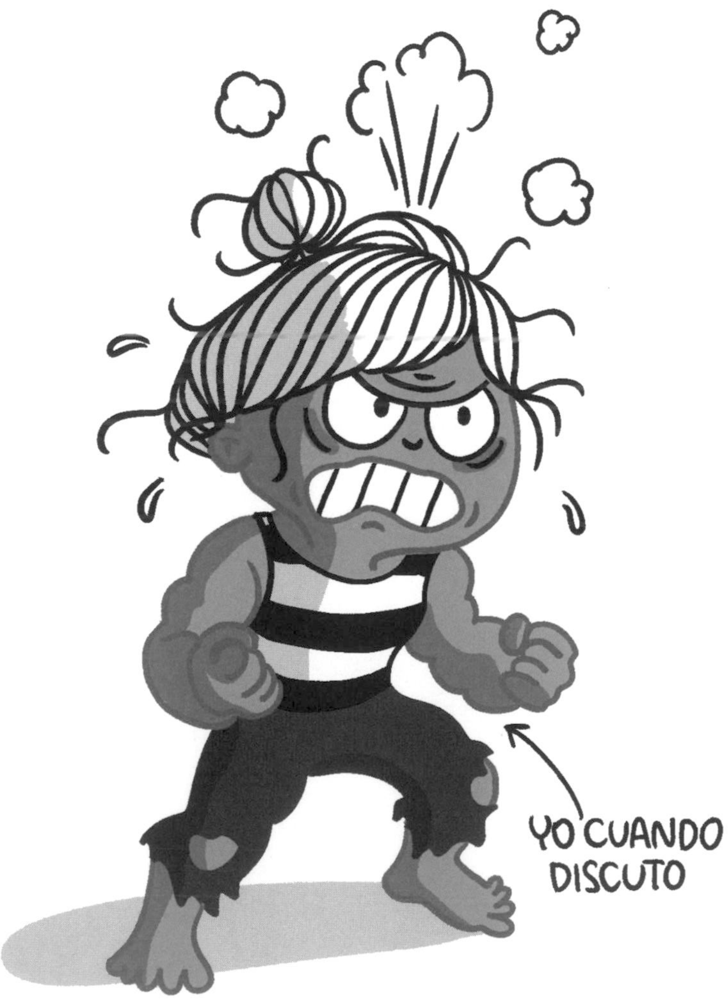
YO CUANDO DISCUTO

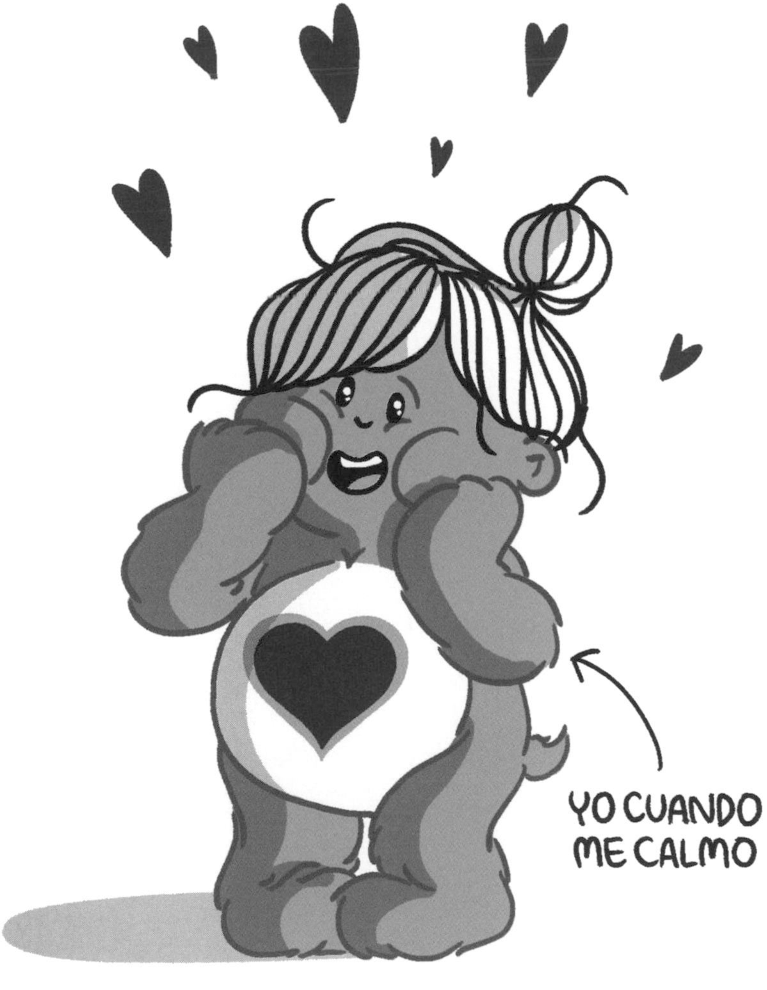
YO CUANDO
ME CALMO

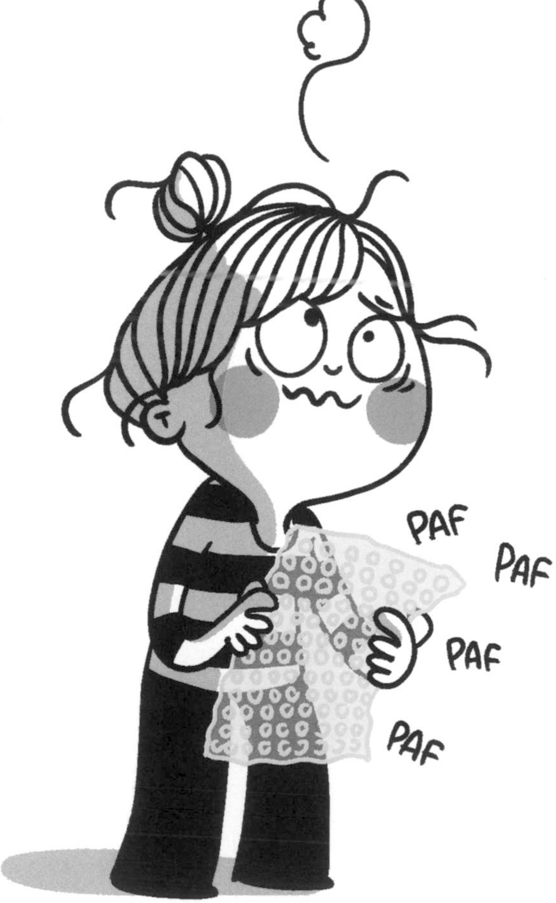
PAF
PAF
PAF
PAF

SPA CASERO

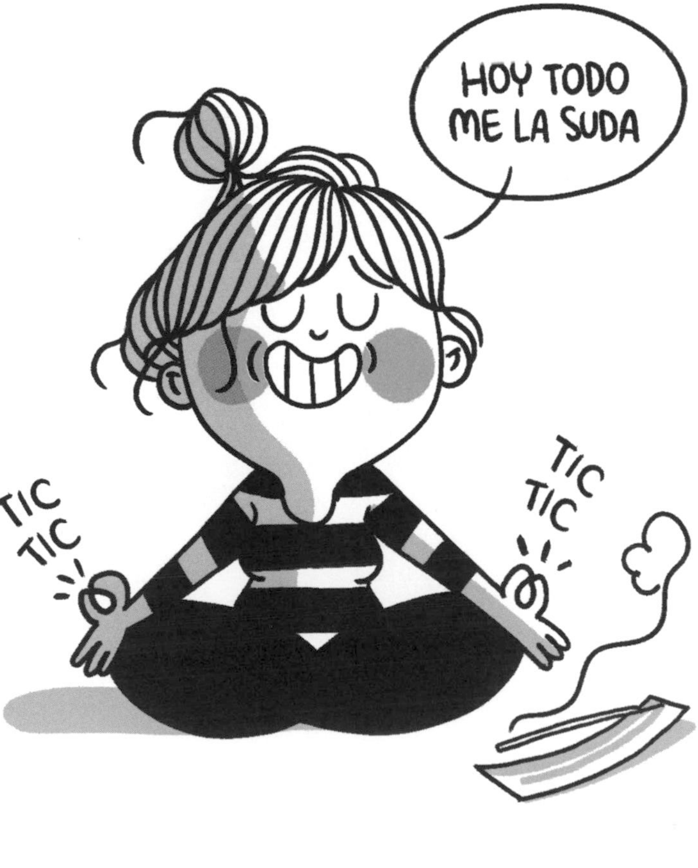
HOY TODO
ME LA SUDA
TIC
TIC
TIC
TIC

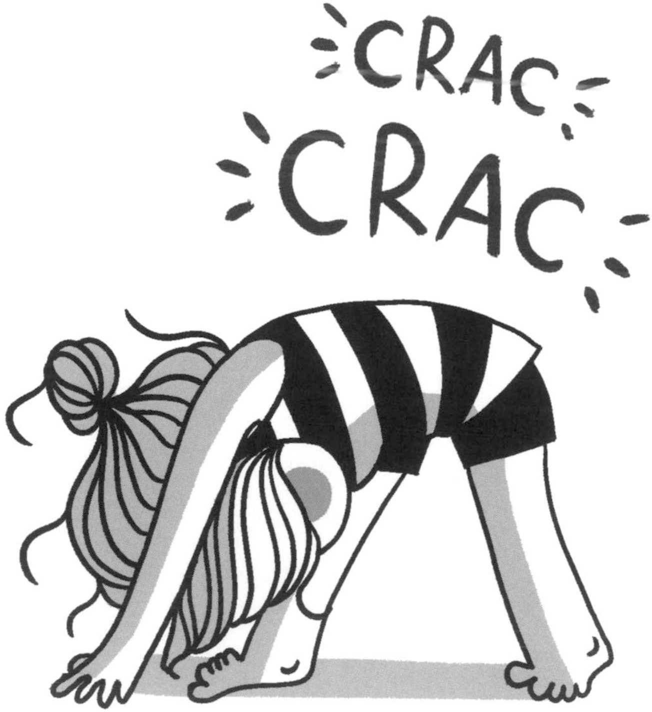
CRAC
CRAC

MÚSICA CELESTIAL

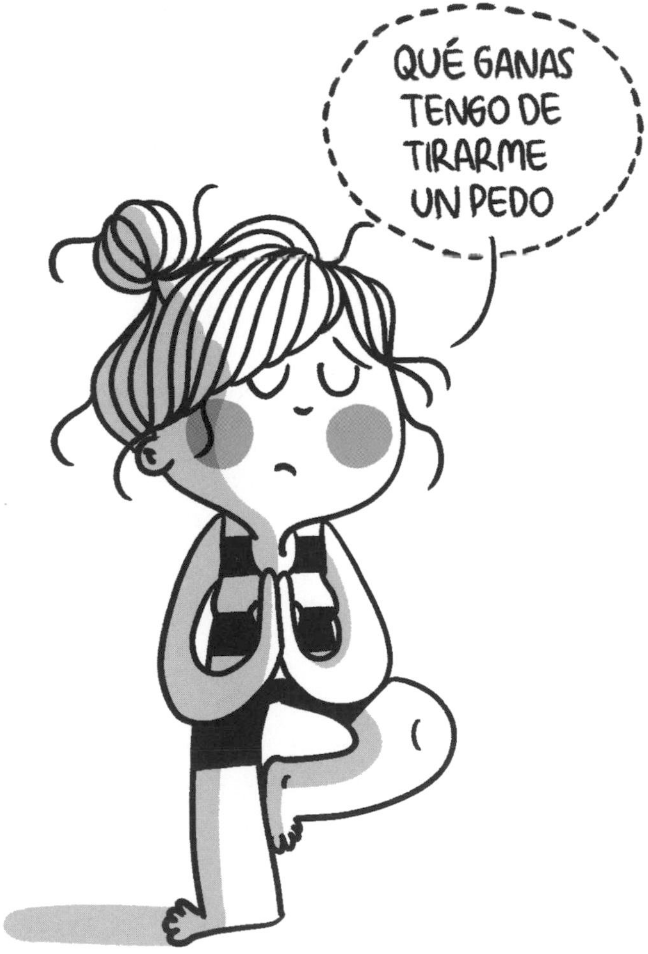
QUÉ GANAS TENGO DE TIRARME UN PEDO

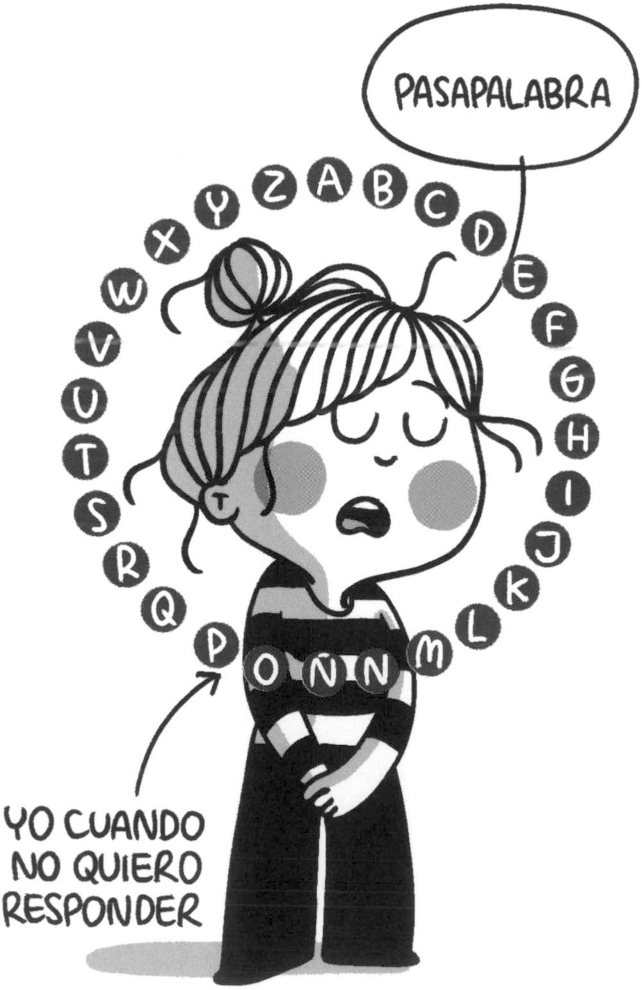
PASAPALABRA
Z A B C D E F G H I J K L M N Ñ O P Q R S T U V W X Y
YO CUANDO NO QUIERO RESPONDER

YO CUANDO DECIDO EMPEZAR TERAPIA

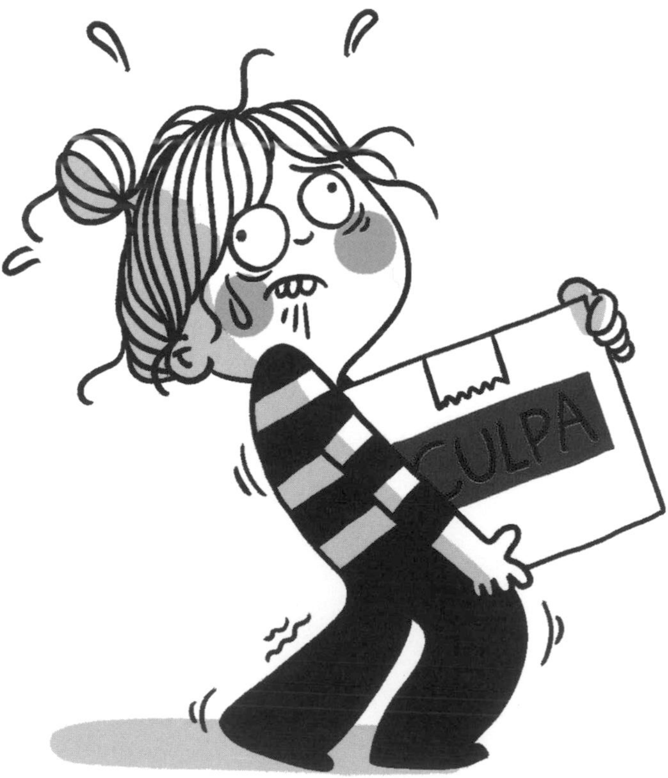
CULPA

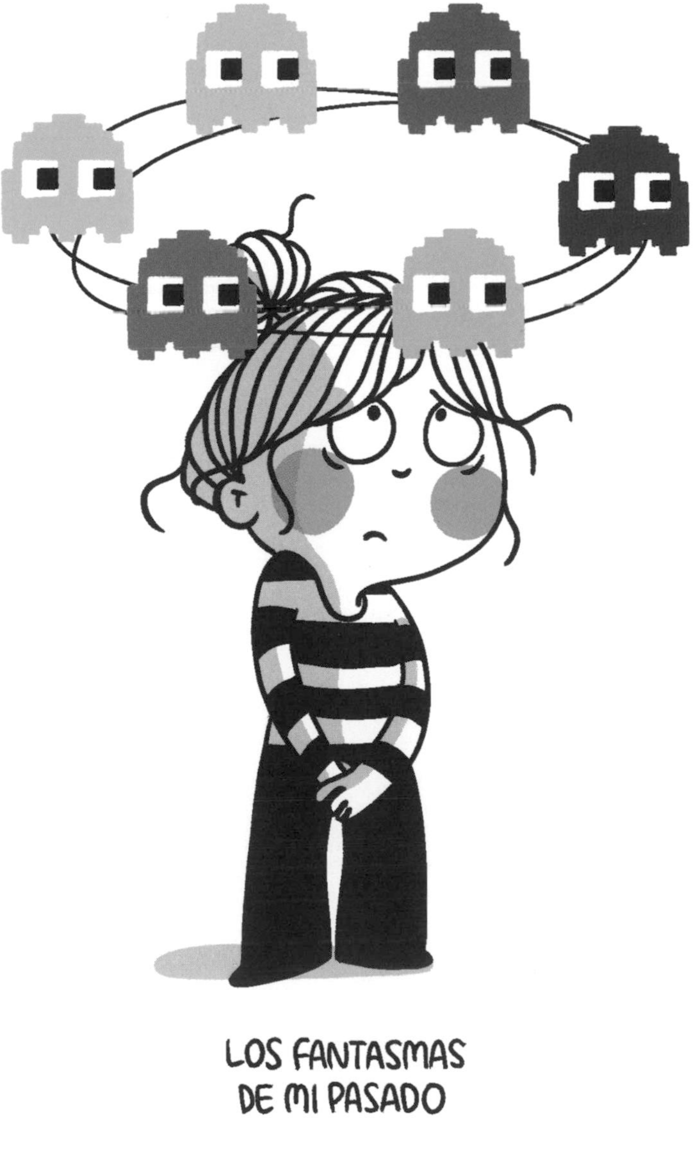

LOS FANTASMAS
DE MI PASADO

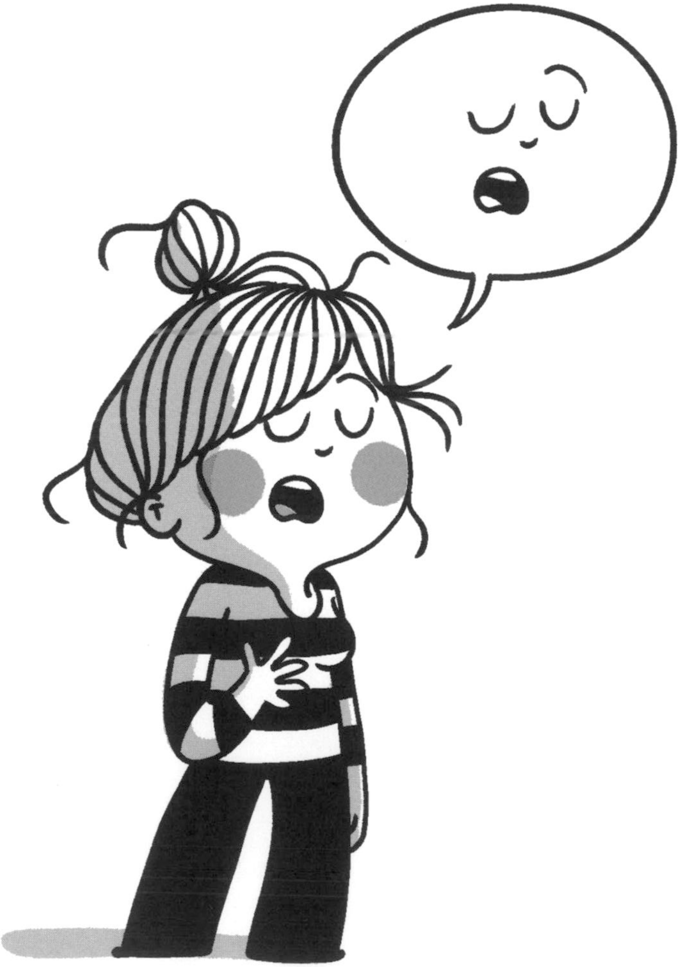

EL EGO

YO CUANDO
HABLO EN
PÚBLICO

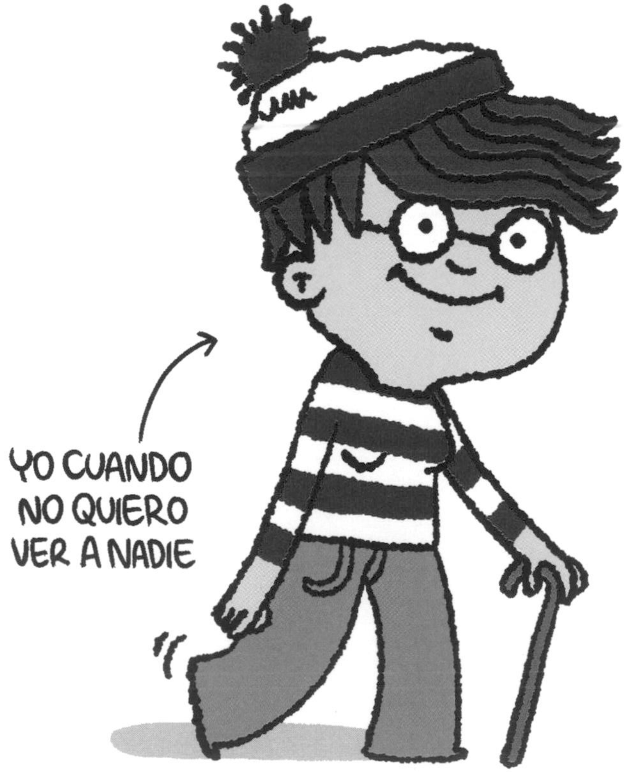
YO CUANDO
NO QUIERO
VER A NADIE

MI ESPACIO VITAL

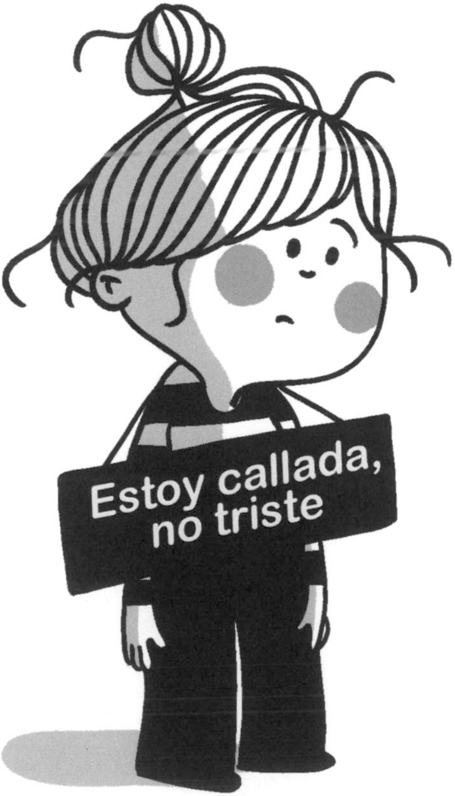
Estoy callada,
no triste

A VECES HABRÍA QUE LLEVAR
SUBTÍTULOS INCORPORADOS

ESTUPENDA

NORMALITA

BUÉ

CUCARACHA

LA ALTURA DEL MOÑO,
DEPENDIENDO DE MI ESTADO DE ÁNIMO

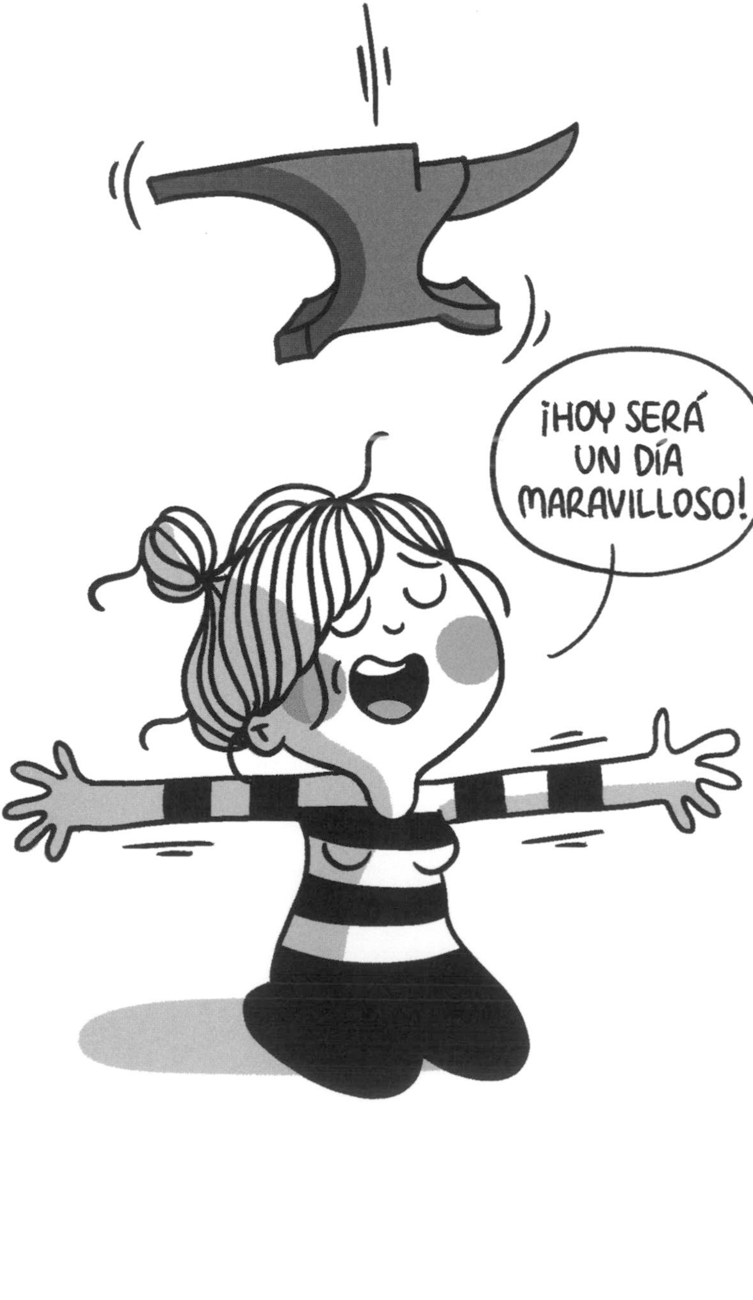
¡HOY SERÁ UN DÍA MARAVILLOSO!

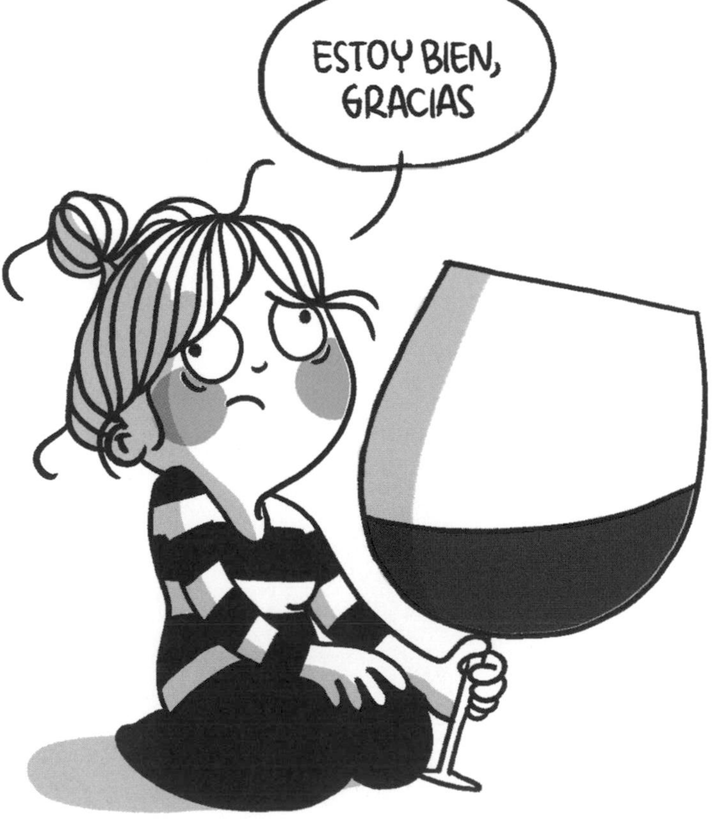
ESTOY BIEN, GRACIAS

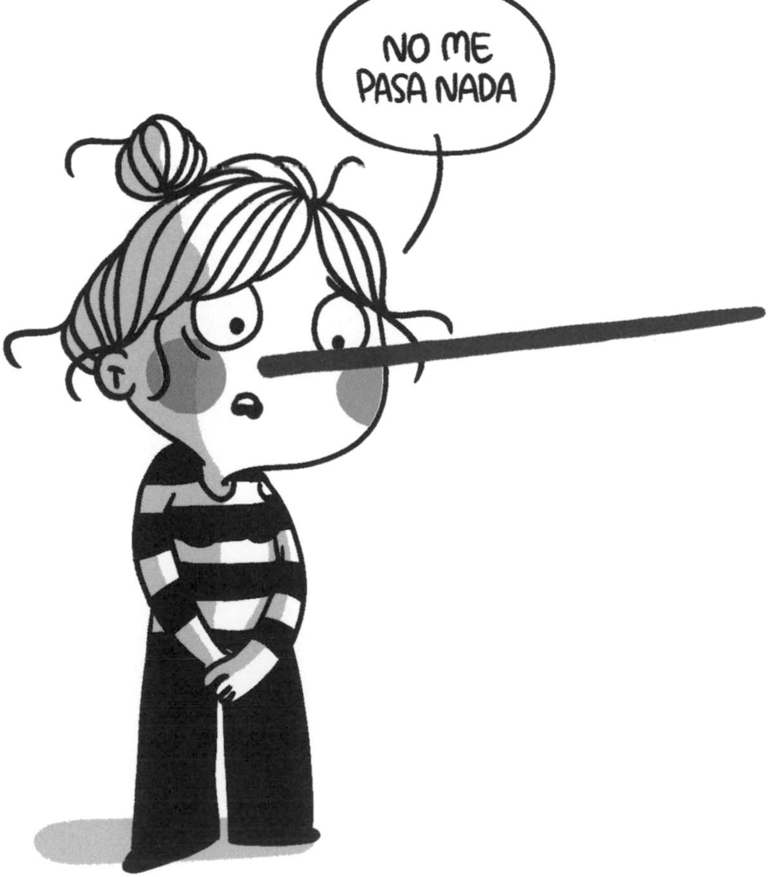
NO ME PASA NADA

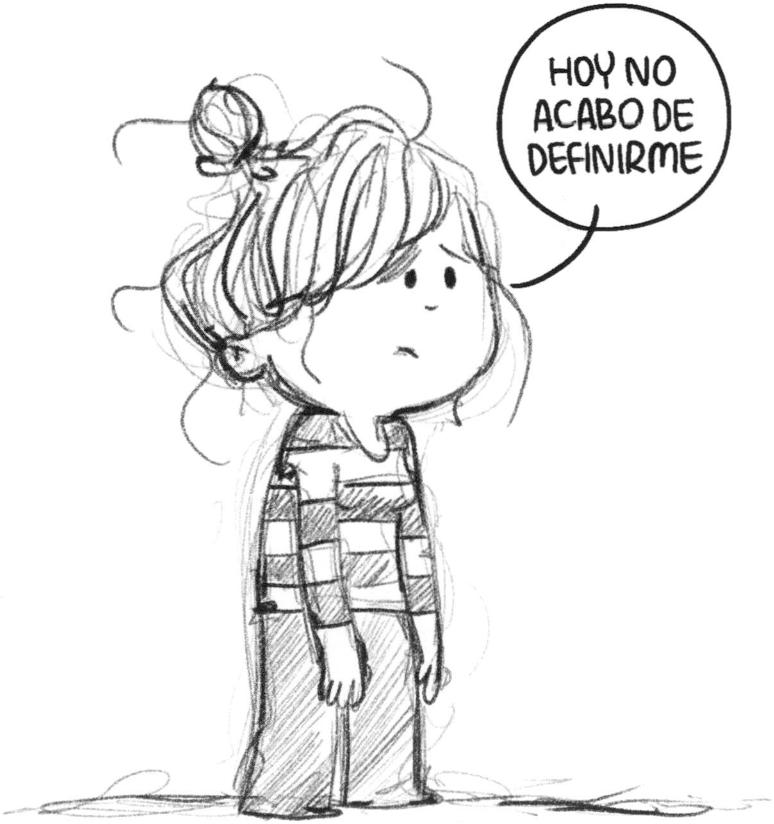
HOY NO ACABO DE DEFINIRME

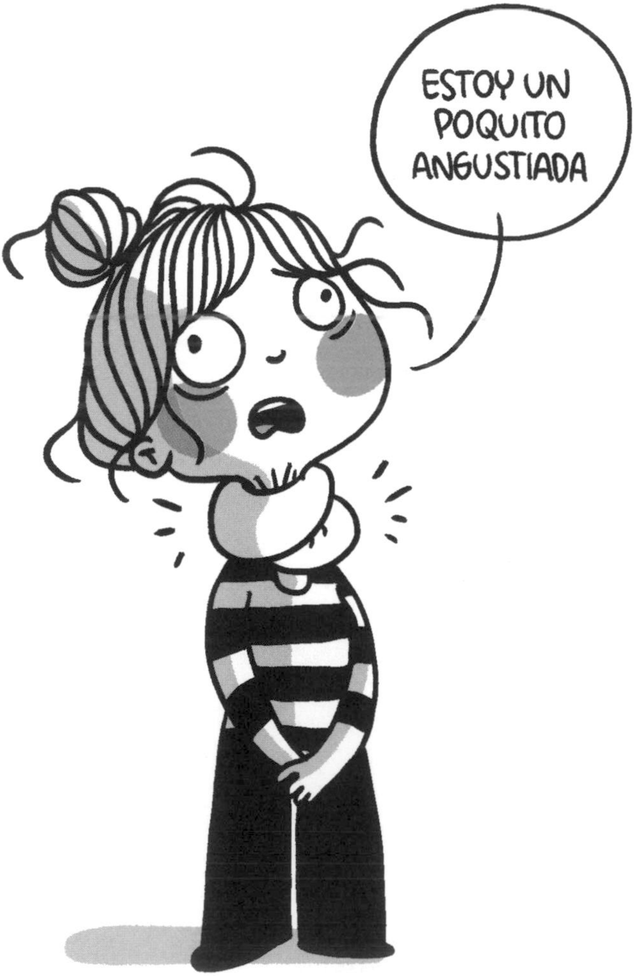
ESTOY UN POQUITO ANGUSTIADA

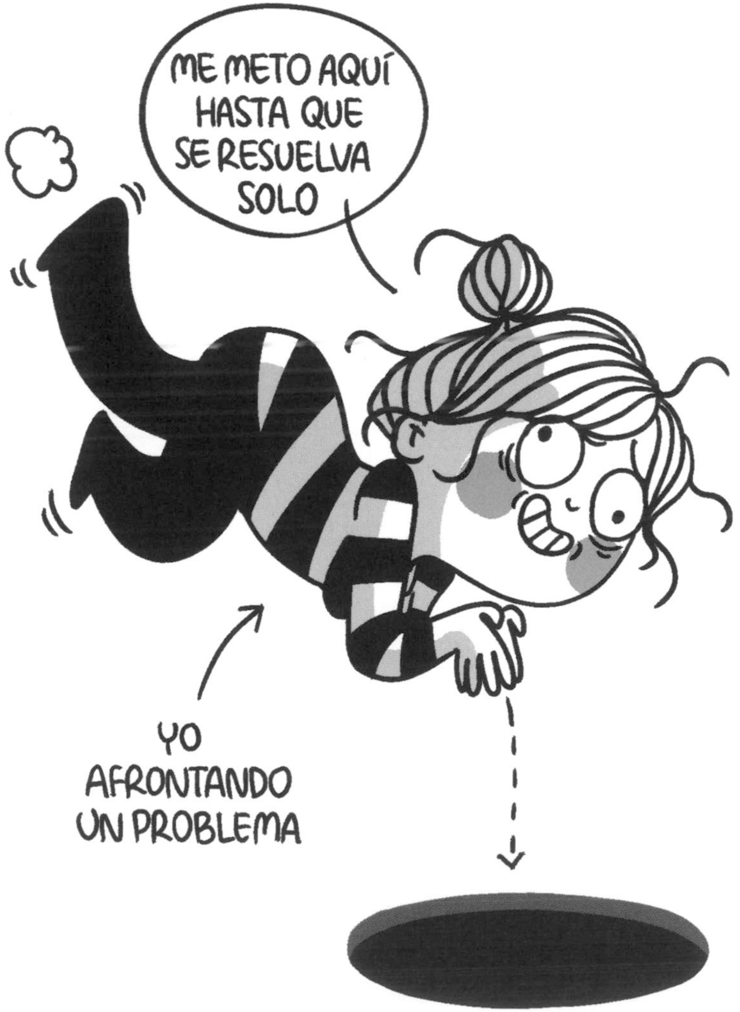
ME METO AQUÍ HASTA QUE SE RESUELVA SOLO
YO AFRONTANDO UN PROBLEMA

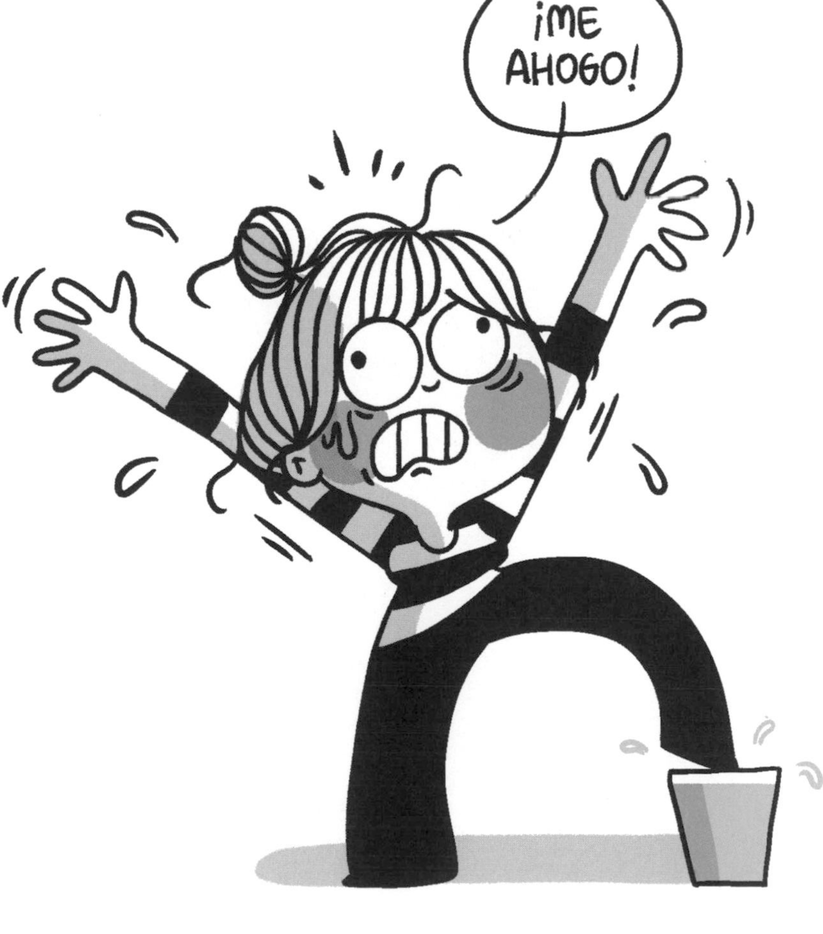
¡ME AHOGO!

YO
ENFRENTÁNDOME
A UN CAMBIO

A SOLAS CONMIGO

YO
SIENDO YO